COLEÇÃO
TEOLOGIA
PARA TODOS

Erlan Tostes

Onde está Deus na cultura pop?

Um olhar cristão sobre o mundo do entretenimento

© por Erlan Tostes, 2024.
Todos os direitos desta publicação são reservados por
Vida Melhor Editora LTDA.

Todas as citações bíblicas foram extraídas da *Nova Versão Internacional*,
da Biblica Inc., salvo indicação em contrário.

Os pontos de vista desta obra são de responsabilidade de seu autor e
colaboradores diretos, não refletindo necessariamente a posição da
Thomas Nelson Brasil, da HarperCollins Christian Publishing ou de
suas equipes editoriais.

PRODUÇÃO: Daila Fanny Eugenio
REVISÃO: Jean Xavier e Vanessa Rodrigues
DIAGRAMAÇÃO: Joede Bezerra
CAPA E PROJETO GRÁFICO: Gabê Almeida
ILUSTRAÇÃO DE CAPA: Guilherme Match

EQUIPE EDITORIAL
DIRETOR: Samuel Coto
COORDENADOR: André Lodos Tangerino
ASSISTENTE: Lais Chagas

Dados Internacionais de Catalogação na Publicação (CIP)
(BENITEZ Catalogação Ass. Editorial, MS, Brasil)

T659o	Tostes, Erlan
1.ed.	Onde está Deus na cultura pop?: um olhar cristão sobre o mundo do entretenimento/ Erlan Tostes. – 1.ed. – Rio de Janeiro: Thomas Nelson Brasil, 2024. – (Coleção Teologia para todos) 96 p.; 12 x 18cm.
	Bibliografia. ISBN 978-65-5689-737-0
	1. Arte e religião. 2. Cristianismo e entretenimento. 3. Cinema – Aspectos religiosos. 4. Cultura pop. 5. Literatura. I. Título. II. Série
01-2024/13	CDD 230.014

Índice para catálogo sistemático:
1. Arte e religião: Cristianismo 230.014
Aline Graziele Benitez – Bibliotecária - CRB-1/3129

Thomas Nelson Brasil é uma marca licenciada à Vida Melhor Editora LTDA.
Todos os direitos reservados à Vida Melhor Editora LTDA.
Rua da Quitanda, 86, sala 601A — Centro
Rio de Janeiro — RJ — CEP 20091-005
Tel.: (21) 3175-1030
www.thomasnelson.com.br

Sumário

07   Prefácio à coleção *Teologia para todos*

09   Introdução: Por que falar sobre cultura pop?

13   1.   Teorizando a cultura

24   2.   Consumidores ou produtos?

37   3.   Nós e a cultura

51   4.   A Bíblia e a cultura

58   5.   A cultura e a Bíblia

67   6.   Algumas questões honestas

88   7.   E quanto a Jesus?

Prefácio à coleção
Teologia para todos

Geralmente, quando nos interessamos por algo, alguém, alguma coisa, algum tema, fazemos perguntas sobre isso. Perguntar é um ato de gente interessada — pode ser de gente metida também, eu sei (risos), mas, aqui, estou pensando nessa atitude de maneira positiva. Os discípulos fizeram perguntas para Jesus, que muitas vezes respondeu com outras perguntas. Entre perguntas e respostas, o reino de Deus foi ensinado e aprendido.

Em diálogos honestos e relações saudáveis, perguntas sempre são bem-vindas. Jesus não teve problemas em ser questionado. Paulo escreveu duas cartas respondendo às dúvidas que recebeu da comunidade de Corinto. Aliás, podemos pressupor que, por trás dos escritos do Novo Testamento, estão questionamentos da igreja nascente.

Foi justamente por acreditar que perguntas honestas merecem respostas bíblicas que criamos a coleção *Teologia para todos*. O objetivo é fomentar, por meio de perguntas e respostas, a reflexão sobre temas importantes da fé cristã. Nossa fé foi construída em meio a um povo que experimentou a presença e a revelação divinas. O Antigo e o Novo Testamento são frutos dessa relação e da reflexão sobre quem é Deus e o que ele espera de sua criação.

Sim, Deus espera que seu povo conheça as Escrituras e saiba relacionar a revelação com a rotina! Por isso, os temas dessa coleção estarão sempre permeados pela teologia prática. A ideia central de cada livro é responder a uma pergunta ou inquietação da igreja brasileira, ao mesmo tempo que ensina princípios básicos da doutrina cristã.

Pelo tamanho do livro que você tem em mãos, fica evidente a intenção de que ele seja apenas uma introdução ao assunto da capa. Contudo, os autores e as autoras se esforçaram ao máximo

ONDE ESTÁ DEUS NA CULTURA POP?

para entregar, de forma sintética e clara, aquilo que é fundamental saber sobre a pergunta que gerou o livro. Para aprender mais, consulte as referências bibliográficas citadas nas notas de rodapé ao longo de cada obra. Ao estudar as fontes que os autores usaram, você pode ir mais longe.

Esperamos profundamente que este livro e todos os demais da coleção *Teologia para todos* inspirem você a viver a fé evangélica de maneira mais sóbria, a fim de que, "se alguém lhes perguntar a respeito de sua esperança, estejam sempre preparados para explicá-la" (1Pedro 3:15).

Rodrigo Bibo
Autor do best-seller *O Deus que destrói sonhos*,
criador do Bibotalk e da EBT — Escola Bibotalk de Teologia.
Casado com a Alexandra e pai da Milena e do Kalel.

Introdução
Por que falar sobre cultura pop?

Você percebe que está imerso na cultura pop quando ouve um "Eu te amo" e, automaticamente, se vê respondendo: "Eu sei". Ou quando algo dá errado e, quase instintivamente, você diz: *"Houston, we have a problem"*. É nesse momento que números específicos começam a ter significados distintos. A sexta-feira se torna 13, o jogador se torna o nº 1, os dálmatas são 101 e os anões da Branca de Neve, os samurais de Kurosawa, as *horcruxes* de Voldemort e os integrantes do BTS são 7. O nível de poder de Kakarotto ultrapassa 8 mil, o universo principal da Marvel é a Terra-616 e 52 são as terras da DC. Um d20 representa um acerto crítico e o número 11 começa a sangrar pelo nariz ao usar seus poderes. Mil e uma são as noites, mil milhões é o amor de Tony Stark por sua filha, 1984 é um ano triste, a Odisseia acontece em 2001 e, por fim, a resposta para a vida, o universo e tudo o mais é 42.

Esses exemplos revelam um fenômeno interessante que se faz presente na cultura pop: a criação de uma memória cultural compartilhada entre fãs. Suas referências e falas se transformam em um código de comunicação exclusivo para aqueles que se encontram imersos nesse universo. É como se fizéssemos parte de um clube especial em que apenas os fãs verdadeiros compreendem a mensagem por inteiro e experimentam conexão instantânea. No entanto, a cultura pop vai além de expressões consagradas, manifestando-se de diversas maneiras no cotidiano, por meio de gestos, objetos e eventos. Pense no sinal de mão do Sr. Spock, nos populares Funkos e *action figures*, nas feiras e nos congressos gigantescos, ou até mesmo nas camisetas e nos acessórios personalizados com os símbolos de seus filmes e séries favoritos. Esses ingredientes se tornam símbolos globalmente reconhecidos, conectando os fãs e criando a sensação de pertencimento a uma comunidade.

Escrever sobre cultura pop é, ao mesmo tempo, algo desafiador e prazeroso. É um desafio porque "cultura pop" é uma expressão guarda-chuva que abrange tudo o que é comercializável e que, de alguma forma, está envolvido com a mídia. Existe uma presença maiúscula de produtos comerciais que atraem a atenção e o interesse do público, causando grande impacto na cultura contemporânea. Esses produtos podem ser tangíveis, como *action figures*, livros e quadrinhos; ou intangíveis, como músicas, filmes e séries. Eles moldam tendências e influenciam a forma que as pessoas pensam, se vestem, se comportam e se relacionam.

A velocidade com que novos produtos e obras são lançados, além da diversidade de plataformas e canais de mídia, transforma a tarefa de acompanhar a cultura pop em um verdadeiro desafio. Além disso, há a possibilidade de que esse material se torne rapidamente datado. (Alô, leitores do século 22, *Star Wars* ainda é legal para vocês?)

Por outro lado, é um prazer falar sobre o assunto porque fui praticamente alfabetizado com os quadrinhos da Marvel e da DC Comics. Desde a minha memória mais remota, eu me lembro de assistir a desenhos animados, *animes*, *tokusatsus*, filmes e séries. Jogo videogame desde meu primeiro Mega Drive, no início dos anos 1990. Conheci literatura fantástica com *Harry Potter* e *O Senhor dos Anéis*, no início dos anos 2000. Encontrei outros aficionados como eu na internet e pude me aprofundar nesse universo nos fóruns de debates on-line. É uma alegria poder unir minha experiência *nerd* à pesquisa cultural e aos meus estudos teológicos.

> **O cristianismo não se limita a uma expressão religiosa, mas também se revela uma força cultural que, em certo sentido, é pop.**

Esta obra busca analisar a relação entre os elementos da cultura pop e a tradição cristã, levando em conta que o cristianismo não se limita a uma expressão religiosa, mas também se revela uma força cultural

INTRODUÇÃO

que, em certo sentido, é pop. Essa interseção revela as influências e os paralelismos entre esses dois mundos. Considerando a importância que, atualmente, a cultura tem para nós, todo cristão deve fazer as seguintes perguntas: *Deus também está na cultura pop? A Bíblia traz orientações quanto ao consumo que fazemos dessa cultura?* Ao longo deste livro, tentarei responder a essas e outras perguntas.

Procure ter uma vida longa e próspera, mantenha sua toalha à mão e, principalmente, não entre em pânico.

● CAPÍTULO 1

Teorizando a cultura

Esta é a parte do livro em que cito vários teóricos sobre o conceito de cultura, passo pela história da arte, até finalmente chegar ao nicho "cultura pop". É necessário fazer isso porque é assim que se faz pesquisa. Especialistas dedicam meses, anos e até mesmo décadas para que pessoas como eu possam empregar uma ou duas frases de cada um deles em livros como este. Não vou julgá-lo se quiser pular para o capítulo 7, que oferece respostas às questões fundamentais que serão propostas. Essa é uma grande tentação. Mas, afinal, a quem estou querendo enganar? É claro que vou julgar você. Fique, pois vai ter bolo, e aproveite a leitura!

CULTURA, CULTURA E MAIS CULTURA

Antes de entrar no mérito do pop, temos de compreender a definição — ou melhor, as definições — da própria cultura. Helen Spencer-Oatey, ex-professora de Linguística Aplicada na Universidade de Warwick, no Reino Unido, afirma que cultura é "um conjunto ambíguo de tradições, normas, dimensões da vida, crenças e acordos sociais que são compartilhados coletivamente pelas pessoas e influenciam o comportamento individual e a compreensão de como outras pessoas se comportam".[1] A cultura, portanto, é um padrão: é observável, perceptível, reproduzível, mas não manipulável.

---

[1] SPENCER-OATEY, H. "What is Culture? A Compilation of Quotations". *GlobalPAD Core Concepts*, 2012. Disponível em: https://warwick.ac.uk/fac/soc/al/globalpad-rip/openhouse/interculturalskills_old/core_concept_compilations/global_pad_-_what_is_culture.pdf. Acesso em: 5 jul. 2023.

ONDE ESTÁ DEUS NA CULTURA POP?

Quando alguém olha para a cultura, ela o encara de volta — algumas vezes de forma receptiva; outras vezes, julgando. Na melhor das hipóteses, o observador se tornará um meme. Na pior, ele será cancelado. Kroeber e Kluckhohn, antropólogos norte-americanos, definem cultura do ponto de vista da repetição representativa. Segundo eles,

> a cultura consiste em padrões *de* e *para* comportamentos adquiridos e transmitidos por meio de símbolos, constituindo as realizações distintivas dos grupos humanos, incluindo sua materialização em artefatos; o núcleo essencial da cultura consiste em ideias tradicionais (historicamente derivadas e selecionadas) e especialmente seus respectivos valores.[2]

A cultura não é produto, mas subproduto da sociedade. A arte, sim, é um produto humano. Política, filosofia, linguagem, enfim, todas as manifestações oriundas da ação do homem na natureza e na sociedade são produtos. A cultura, entretanto, não é uma coisa que se faz, mas aquilo que se percebe após um conjunto de outras coisas terem sido feitas em uma coletividade. Etimologicamente, a palavra "cultura" remonta ao latim *colere*, com o significado de "cultivo, cuidado". Na verdade, o termo se situava no contexto da agricultura e do cuidado com a terra. É interessante notar, contudo, como o significado evoluiu ao longo do tempo para refletir a crescente complexidade da sociedade humana.

A jornada do ser humano é infindável, sempre em busca do melhor uso de sua criatividade, porém, de forma irônica, esse ser vive cativo à sua liberdade criativa. A capacidade de aprimoramento por meio de observação, questionamento e teorização torna o ser humano mais complexo que a formiga — programada para levar folhas ao formigueiro —, porém o torna também tão preso ao instinto quanto as andorinhas que migram para o hemisfério sul. Enquanto nossos pés tocam o chão, a mente humana voa natural, desembaraçada e inevitavelmente.

---

[2] KROEBER, A. L.; CLUCKHOHN, C. *Culture*: A Critical Review of Concepts and Definitions. Nova York: Random House, 1952. p. 35.

TEORIZANDO A CULTURA

G. K. Beale, teólogo norte-americano, observa que os seres humanos, ao mesmo tempo que produzem, refletem a própria cultura. Em suas palavras, "nós refletimos coisas em nossa cultura e em nossa sociedade, às vezes de forma consciente e, outras vezes, de modo sutil e inconsciente".[3] Já o antropólogo britânico E. B. Tylor, em sua obra *Primitive Culture*, concebe uma das definições mais antigas e reverenciadas de cultura:

> Cultura, ou civilização, tomada em seu sentido etnográfico amplo, é aquele todo complexo que inclui conhecimento, crença, arte, moral, lei, costume e quaisquer outras capacidades e hábitos adquiridos pelo homem como membro da sociedade. A condição da cultura entre as várias sociedades da humanidade, na medida em que pode ser investigada por princípios gerais, é um assunto apto ao estudo das leis do pensamento e da ação humana.[4]

A antropologia propõe uma investigação científica, observacional e dialogal. Tylor destaca a abrangência e a importância da cultura na vida humana. Na verdade, ao considerá-la sinônimo de "civilização", ele defende sua inevitabilidade. A cultura abrange a esfera de ideias, valores e comportamentos compartilhados por determinado grupo social. Isso significa que a cultura pode ser analisada e compreendida por meio de métodos sistemáticos e teóricos, o que contribui para o desenvolvimento da antropologia e de outras disciplinas relacionadas ao estudo da cultura humana. Assim como não enxergamos o ar que respiramos, a cultura também é invisível àqueles que se encontram imersos nela, como um pano de fundo que passa despercebido. No entanto, quando um antropólogo se propõe a estudá-la, ocorre uma autêntica transformação, pois ele "inventa" a cultura que está investigando, buscando compreendê-la e torná-la visível. Nesse processo de investigação, a cultura se revela gradualmente, tornando-se possível enxergar suas

---

[3] BEALE, G. K. *We Are What We Worship*. Downers Grove: InterVarsity Press, 2008. p. 15.
[4] TYLOR, Edward Burnett. *Primitive Culture*. 6. ed. Londres: John Murray, 1920, v. 1. p. 1.

nuances e complexidades. Essa "invenção" implica uma mudança de perspectiva, já que a cultura se torna uma forma específica de realizar ações e interpretar o mundo. Dessa forma, tanto a cultura estudada como a cultura pessoal do antropólogo se tornam visíveis e passíveis de análise crítica.

A ideia de representar uma cultura de forma fiel e respeitosa é fundamental. Quem se propõe a estudá-la (e cá estamos nós nesse barco junto com os antropólogos) deve esforçar-se por compreender e retratar a cultura em análise sem distorcê-la ou impor seus próprios preconceitos e crenças. O etnocentrismo (a tendência de avaliar outras culturas com base nos padrões e valores da própria cultura) deve ser evitado a todo custo. Essa consciência estimula uma postura receptiva, pois existem outras formas de viver e interpretar o mundo — formas que diferem das nossas, mas que são igualmente legítimas. Assim, é possível aprender com as diferenças culturais e apreciar a diversidade humana. Em um ambiente escolar, por exemplo, a diversidade cultural é fundamental para formar cidadãos dotados de respeito ao próximo. A convivência com colegas de diferentes origens desafia os preconceitos e proporciona boas oportunidades de aprendizado recíproco.

A cultura é um meio de dar sentido ao mundo, de organizar a vida social e de expressar a identidade. Estudá-la conduz à real compreensão do significado de diversidade e pluralismo. Não estamos aqui para dominar, oprimir ou demonizar as expressões culturais. Dialogar é um trabalho árduo, porém gratificante, que contribui para o conhecimento e o respeito mútuo entre os povos.

CULTURA E IMAGO DEI

Platão odiava a arte e os artistas. Para ele, a arte poderia ser definida como uma mera imitação (*mimesis*) da realidade. Ele acreditava que a verdadeira realidade residia nas formas ideais e perfeitas, e não nas representações. Arthur Danto, filósofo e crítico de arte norte-americano, ao comentar a definição do filósofo grego, diz que, "para se obter uma definição melhor do que a de

Platão, é preciso olhar para os artistas mais recentes, pois eles provavelmente subtraem de suas teorias propriedades que antes eram consideradas essenciais para a arte, como a beleza.[5] O artista sueco Ernst Billgren brinca ao dizer que a arte é "uma invenção que visa descobrir o que é a arte".[6] Essa parece ser uma resposta vaga, porque não estabelece um critério claro ou objetivo para identificar o que é arte, mas, simultaneamente, é profunda, pois reconhece que a arte é um processo dinâmico que se reinventa constantemente. A arte não existe de forma isolada. Alguém, que tinha uma mensagem a transmitir, a idealizou antes. A partir do momento em que foi criada, a arte passou a ser interpretada e apreciada por outros seres humanos, refletindo as realidades, perspectivas e vivências dos artistas e, por sua vez, ressoando nos corações e nas mentes daqueles que a experimentam.

Nesse sentido, Deus foi o primeiro artista. O mundo é sua tela, seu pincel é sua palavra, a natureza é sua criação e o ser humano é sua obra-prima. Há uma série de versículos bíblicos que sustentam essa afirmação: "No princípio Deus criou os céus e a terra" (Gênesis 1:1), "Os céus declaram a glória de Deus; o firmamento proclama a obra das suas mãos" (Salmos 19:1), "somos criação de Deus realizada em Cristo Jesus para fazermos boas obras, as quais Deus preparou antes para nós as praticarmos" (Efésios 2:10), "Tu o fizeste um pouco menor do que os seres celestiais e o coroaste de glória e de honra" (Salmos 8:5).

> **Deus foi o primeiro artista. O mundo é sua tela, seu pincel é sua palavra, a natureza é sua criação e o ser humano é sua obra-prima.**

Nossa criatividade é um presente divino, que também nos permite ser artistas. Mas nossa arte não é perfeita nem imune ao pecado. Ela reflete nossa condição humana, marcada pela Queda

---

[5] DANTO, Arthur C. *What Art Is?*. Londres: Yale University Press, 2013. p. 11-2.
[6] BILLGREN, Ernst. *What Is Art and 100 Other Very Important Questions*. Estocolmo: Bokförlaget Langenskiöld, 2011. p. 20.

(Gênesis 3:15), e, assim, pode expressar tanto a verdade, a graça e o amor de Deus, por um lado, como a rebelião, o desespero e a miséria do ser humano, por outro. Somos, portanto, chamados a discernir as mensagens e os meios de emissão da arte que existem no mundo. Não devemos demonizar ou atacar as expressões que são antibíblicas, mas, sim, reconhecer que elas são fruto da liberdade humana e de sua condição caída. Não devemos nos isolar ou nos conformar com essas obras, mas, sim, dialogar com elas.

Mesmo a arte que é oriunda de uma cosmovisão antibíblica nos convida a refletir sobre a condição humana e a busca por transcendência, pelo sentido da vida e pela relação com o divino. Por meio dela, travamos contato com os sentimentos mais profundos e somos provocados a questionar alguns pressupostos culturais. Ao apreciarmos e analisarmos criticamente a arte, somos capazes de explorar questões existenciais, espirituais e teológicas de forma criativa e envolvente. Claro, esse é o ideal, porém nem sempre a arte é tão serena assim. Nem todas as obras de arte foram criadas com o propósito de transmitir beleza. Existem casos em que a arte reflete os aspectos sombrios da experiência humana, e nos confronta com realidades dolorosas.

A própria tradição cristã tem bons exemplos de expressão artística abordando questões profundas e perturbadoras. Pense nas pinturas de crucifixos que retratam o sofrimento de Jesus na cruz ou nas obras literárias que exploram os dilemas morais e espirituais enfrentados pelos personagens. É necessário discernir entre a arte que eleva e inspira, por um lado, e aquela que distorce e/ou desafia os princípios fundamentais da fé cristã, por outro. Esse processo requer, portanto, uma análise cuidadosa e uma postura crítica embasada em princípios teológicos sólidos. Ao buscar estabelecer um diálogo entre cristianismo e cultura, é preciso estar disposto a enfrentar o desafio de navegar nas contradições do mundo artístico, algo que nem sempre é fácil, já que a arte reflete as tensões, as aspirações e os dilemas de nossa sociedade. Em última análise, o diálogo entre cristianismo e cultura (na qual a arte se inclui) é um convite para explorar a riqueza da humanidade.

A liberdade criativa transborda e nos alegra quando apreciamos o trabalho de um diretor, escultor, pintor, artesão, titereiro, escritor, de uma companhia de teatro etc., mas aqueles que não têm ofício artístico também são artistas quando deixam sua marca única no mundo e contribuem para a tapeçaria da vida. A singularidade de cada indivíduo, sua capacidade de criar, imaginar e se expressar, tudo isso é uma manifestação artística em si. Não imitamos a realidade com a arte; na verdade, nós a complementamos e a expandimos.

E você? Como expressa a sua arte?

CULTURA E CRISTIANISMO

Niebuhr, Carson, Horton, Keller, Schaeffer, Stott, Tillich, Rookmaaker, Vanhoozer, Turner e Turnau são alguns dos nomes que compõem a lista de teólogos que, não à toa, propuseram um diálogo entre cristianismo e cultura. Há tons diferentes em suas abordagens: alguns mais apologéticos, outros mais conciliadores. Com efeito, é importante notar algo basilar para que o diálogo seja frutífero: o cristianismo também é uma cultura.

Do ponto de vista antropológico, todas as religiões são expressões culturais. Mesmo que se considere seu caráter revelacional e transcendente, a estrutura religiosa ainda diz respeito a sistemas culturais. Por exemplo, ainda que Deus tenha estabelecido o *modus operandi* do serviço sacerdotal, os procedimentos executados no templo eram comuns no contato com o sagrado no Antigo Oriente Próximo. O cantor e compositor David A. Covington compreende o assunto da seguinte forma:

> A Bíblia descreve alguns objetos com propósitos estéticos, como o tabernáculo e o templo, com seus móveis, sacrifícios, óleos, incensos e vestes sacerdotais, os quais o texto caracteriza em termos de propriedades estéticas — paisagens, formas,

cores, texturas, odores, sabores — e na resposta estética de Deus: "era agradável ao Senhor" (Êxodo 29:18).[7]

Quando Jesus ensinou partir o pão e tomar o cálice da nova aliança, empregou derivados do trigo e da uva, ingredientes cotidianos da gastronomia e do estilo de vida israelita do primeiro século. É preciso, contudo, observar que compreender o cristianismo como uma cultura não significa reduzi-lo a uma simples expressão cultural, e sim reconhecer que a fé cristã se manifesta em contextos culturais específicos. Essa perspectiva nos desafia a explorar a relação entre a mensagem do evangelho e as formas de expressão cultural, incluindo a arte.

O cristianismo desempenha papel fundamental na formação da cultura ocidental. Ao longo dos séculos, crenças, valores e práticas cristãos têm permeado todas as esferas da vida ocidental, incluindo arte, música, literatura e instituições sociais. Ele molda a maneira de percebermos o mundo e nos relacionarmos uns com os outros. Desde a arquitetura das catedrais góticas até as pinturas renascentistas e os corais sacros, o cristianismo tem inspirado e influenciado a produção cultural.

Além de fazer parte da cultura, o cristianismo também é cultura em si mesmo. Sua rica tradição teológica e filosófica, seus rituais e práticas devocionais, sua ética e moralidade, tudo isso tem contribuído para a formação de identidades culturais específicas ao redor do mundo. O cristianismo fornece um quadro de referência e uma linguagem compartilhada que permeiam o tecido social, influenciando normas e valores coletivos. A cultura cristã é um sistema de significados e símbolos que molda a compreensão da existência e a visão de mundo.

No entanto, o cristianismo também contém elementos contraculturais. Na verdade, ao longo de sua história, o cristianismo tem desafiado convenções sociais, confrontado injustiças e defendido a dignidade humana, pois Jesus Cristo, sua figura central,

---

[7] COVINGTON, David A. *A Redemptive Theology of Art*: Restoring Godly Aesthetics to Doctrine and Culture. Grand Rapids: Zondervan Academic, 2018. Edição digital.

TEORIZANDO A CULTURA

foi um exemplo de contracultura, questionando as estruturas de poder, defendendo os marginalizados e ensinando uma ética de amor e compaixão. A mensagem cristã de justiça social, igualdade e perdão tem desafiado as estruturas de opressão e desigualdade, influenciando movimentos de reforma e mudança social ao longo do tempo.

A interação entre cristianismo e cultura é complexa e multifacetada. O cristianismo é moldado pela cultura em que se encontra, assim como influencia e transforma essa cultura. À medida que o mundo vai mudando e evoluindo, o cristianismo também se adapta e dialoga com novos contextos culturais, produzindo expressões diversificadas da fé cristã. Pense nas formas contemporâneas de liturgia no culto, tão diferentes dos primeiros séculos. O conteúdo e a sã doutrina permanecem, porém a forma se altera e dialoga com a comunidade que a professa.

Além de sua influência na cultura, o cristianismo é berço fértil para a produção e a apreciação da arte. Ao longo da história, os cristãos têm criado obras de arte que transcendem o tempo e encantam os sentidos. Desde a magnificência das pinturas de Michelangelo, na Capela Sistina, até a beleza das composições musicais de Bach, a expressão artística é uma manifestação da busca humana por transcendência e conexão com o divino. A arte sacra é uma verdadeira aliada em nossa caminhada espiritual. Ela inspira, nutre a alma e proporciona uma experiência inigualável de comunhão com o divino, além de conduzir à reflexão sobre a própria fé. Por meio da arte, somos desafiados a admirar a presença divina e a reconhecer seu poder tanto nas obras humanas como na vastidão da natureza ao nosso redor. Beth Williamson, professora da Universidade de Bristol, escreve em sua obra *Christian Art*: A Very Short Introduction [Arte cristã: uma breve introdução]:

> Ao contrário de outros termos que podem ser usados para categorizar a arte, a "arte cristã" é incomum, pois não descreve um estilo, um período ou uma região específicos, mas, sim, a arte com propósitos particulares, que compreende uma ampla

variedade de formas e estilos. (...) Um aspecto particularmente fascinante do estudo da arte cristã é abranger uma grande esfera de outros temas: história, política, teologia, filosofia, para citar apenas alguns.[8]

A arte cristã não apenas inspira e cativa visual e emocionalmente, mas também convida a uma experiência espiritual mais profunda. Ela nos leva a refletir sobre a condição humana, a nos maravilhar com o mistério divino e a buscar um relacionamento mais íntimo com Deus. Os mistérios da fé são representados, e é possível contar histórias bíblicas que expressam a esperança e a redenção da mensagem do evangelho.

A arte é o meio pelo qual Deus toca nosso interior. Somos lembrados de que o Criador deixou um traço de si em cada parte da criação. Ele sussurra em nossos ouvidos utilizando a música e derrama colírio em nossos olhos quando enxergamos a beleza do mundo. A arte é a revelação da grandeza divina em forma estética, a manifestação visível da verdade espiritual. Por meio dela, percebemos que não estamos sozinhos; na verdade, fazemos parte de uma história maior, que foi escrita antes mesmo da criação dos céus e da terra.

Cada cristão é uma obra de arte em constante evolução, sendo moldado e transformado pela mão do Criador, ao mesmo tempo que se torna uma expressão viva da graça e do amor divinos no mundo.

Reconhecer a importância da arte é valorizar não apenas a expressão artística em si, mas também seu potencial transformador — de inspirar, desafiar, consolar e conectar as pessoas umas às outras e a Deus. Nesse sentido, cada cristão é uma obra de arte em constante evolução, sendo moldado e transformado

---

[8] WILLIAMSON, Beth. *Christian Art*: A Very Short Introduction. Nova York: Oxford University Press, 2004. p. 1.

TEORIZANDO A CULTURA

pela mão do Criador, ao mesmo tempo que se torna uma expressão viva da graça e do amor divinos no mundo. Deus nos dotou de dignidade especial e nos convida para uma relação de amizade com ele. Somos expressões únicas e valiosas de sua criatividade, capazes de atribuir significados e construir narrativas que transcendem a simples reprodução daquilo que já existe.

O alemão Claus Westermann, professor emérito de Antigo Testamento na Universidade de Heidelberg, diz, em seu comentário de Gênesis, que "o versículo sobre a imagem e a semelhança de Deus tem significado universal. Toda pessoa é de Deus — essa frase tem precedência absoluta sobre qualquer alternativa entre os povos".[9] À imagem e à semelhança de Deus, cada ser humano carrega consigo um valor inerente. Essa imagem divina em nós, contudo, não significa semelhança física; ela transcende a dimensão material, abrangendo consciência, inteligência, moralidade e capacidade de amar.

---

[9] WESTERMANN, Claus. *Genesis*: An Introduction. Mineápolis: Fortress, 1985. p. 105.

● CAPÍTULO 2

Consumidores ou produtos?

Martin Buber foi um importante acadêmico judeu do século 20. Ele nasceu em Viena, no final do século 19, mas fugiu para Israel (à época, Palestina mandatária) na década de 1930, a fim de escapar do nazismo. Em sua obra *Eu e tu*, um dos maiores escritos do século passado, ele teoriza sobre a alteridade:

> Não há dois tipos de seres humanos, mas dois polos do humano. (...) Homem algum é puramente pessoa, e nenhum é puramente egótico. Entretanto, há homens (...) cuja dimensão de pessoa é tão determinante que se podem chamar de pessoas, e outros cuja dimensão de egotismo é tão preponderante que se pode atribuir-lhes o nome de egótico.[1]

Fica fácil perceber a relação criador-criação, porém há um terceiro elemento nessa equação: o público que os consome. O artista, a criação artística e o público estão interligados pela natureza humana e pela capacidade de criar, apreciar e se relacionar com a arte. Nesse sentido, não é possível desvincular o artista de sua arte e nem mesmo o consumidor da arte produzida. Existem polos diferentes que acessam papéis e níveis distintos de vínculos envolvidos no processo, porém o tipo de ser humano é o mesmo. E, embora desempenhem funções diferentes no processo, artista e público são influenciados e conectados pela expressão artística e pela experiência

---

[1] BUBER, Martin. *Eu e tu*. Trad. de Newton Aquiles Von Zuben. São Paulo: Centauro, 1974. p. 76. No pensamento de Buber, o egótico é o "eu-isso". O eu-isso é a contraparte do eu-tu, ou seja, em vez de uma relação com o outro, há uma separação do outro.

CONSUMIDORES OU PRODUTOS?

estética. A arte nos lembra de nossa humanidade comum e da forma que as criações artísticas transcendem as fronteiras individuais, tocando-nos de maneira significativa. O público interage com a obra de arte, interpretando-a, atribuindo significado e estabelecendo uma conexão pessoal com ela. O consumidor não é apenas um espectador passivo; ao contrário, ele constitui um participante ativo na experiência artística. Assim como o artista, o consumidor é um ser humano complexo, alguém com suas próprias perspectivas e vivências, as quais influenciam a maneira de ele se relacionar com a arte.

É possível enxergar a arte de forma mais holística, apreciando a interconexão entre artistas, obras e aqueles que se envolvem com elas. A arte não existe no vácuo, mas, sim, em um mundo repleto de questões sociais, políticas, econômicas e culturais. Ela desempenha um papel significativo na promoção de mudanças e na identificação dos dilemas que enfrentamos como sociedade.

O quadro *Guernica,* de Pablo Picasso, é um exemplo poderoso de como a arte está intrinsecamente atrelada a questões externas. Criada em resposta ao bombardeio da cidade de Guernica, durante a Guerra Civil Espanhola, essa obra de 1937 denuncia os horrores da guerra e o sofrimento humano resultante. Destroços e caos em tons de preto e branco transmitem uma mensagem contundente sobre a violência e a opressão que imperam em tempos de conflito. A pintura se tornou um símbolo universal de protesto e um chamado à paz, vindo a ser uma referência inegável da conexão entre arte e questões sociais e políticas. Nesse sentido, a arte se justifica não apenas como uma manifestação criativa, mas também como uma forma de engajamento e diálogo com o mundo.

Por fim, a arte desempenha papel fundamental na formação de identidades individuais e coletivas, pois desperta em nós a consciência crítica, transcendendo a estética e gerando questionamento, reflexão e transformação. Na prática, isso pode significar que, ao vermos uma obra de arte que aborda um tema social ou político, somos convidados a refletir sobre nossas próprias opiniões em relação a esse tema. Pensemos em artistas como Nina Simone e no papel que suas letras e seu ativismo desempenharam no movimento

ONDE ESTÁ DEUS NA CULTURA POP?

pelos direitos civis nos Estados Unidos. O impacto de sua arte vai além do mero apreço da habilidade técnica, criando uma profunda conexão com o público e, assim, influenciando o mundo ao seu redor. A arte é um reflexo de nossa humanidade.

UMA CULTURA POP
(QUE ALGUMAS VEZES NÃO É TÃO POP ASSIM)

Onde está a cultura pop? No cinema, são os *blockbusters*. As franquias Marvel, *Velozes e Furiosos*, *Missão Impossível* e *John Wick*. Antes disso, foram as ficções científicas, como *De Volta para o Futuro*, *Matrix*, *Star Wars* e *Blade Runner*, que moldaram gerações. Mas a cultura pop não se limita às grandes telas. Na indústria musical, são as músicas da moda e seus monarcas. O rei do rock? Elvis Presley. O rei do pop? Michael Jackson. A rainha do soul? Aretha Franklin. O rei do reggae? Bob Marley. O rei do blues? B. B. King. Nas livrarias, encontramos sagas literárias como *Harry Potter*, *O Senhor dos Anéis*, *Jogos vorazes* e *Crepúsculo*. Também entram aqui *Stranger Things*, *Game of Thrones*, *The Mandalorian*, *Prison Break* e tantas outras séries. Na moda, as tendências populares são frequentemente impulsionadas por celebridades, músicos e artistas. A linguagem também é influenciada. Todo ano, novos jargões, gírias e expressões que tiveram origem ou foram popularizados pela cultura pop são adicionados a nosso vocabulário. Na internet, popularizam-se os *memes*, as imagens e os vídeos virais. Vejamos como essa cultura pode ser definida de forma mais objetiva.

O professor de mídia e artes visuais Ted Turnau, em seu livro *Popologetics*, define cultura pop como "obras culturais cujos meios, gêneros ou espaços tendem a ser difundidos e amplamente recebidos em nosso mundo cotidiano".[2] Trata-se de um estilo de vida que abrange os meios de entretenimento e gera um senso de pertencimento. Pense nas comunidades de jogadores. Um grupo de *players* que compartilham o mesmo interesse por jogos de computador,

[2] TURNAU, Ted. *Popologetics*: Popular Culture in Christian Perspective. Ed. digital. Phillipsburg: P&R, 2012. Edição digital.

CONSUMIDORES OU PRODUTOS?

videogames e jogos de tabuleiro. Essas experiências os conectam em uma rede de interações sociais por meio da qual eles se reúnem para competir, se divertir e estabelecer laços.

Já Peter Brooker traz a seguinte definição de cultura popular:

> Cultura popular pode designar a cultura do "povo" ou da clas-
> se trabalhadora (ou, às vezes, do "povo trabalhador"); cultura
> popular; juventude ou subculturas; ou gêneros populares na
> ficção e no cinema. Frequentemente, o termo tem sido acom-
> panhado por um julgamento de valor que vê essas formas cul-
> turais como autênticas ou como banais e conformistas. Além
> disso, tais julgamentos qualitativos podem ser contrastados ou
> apoiados por uma descrição quantitativa que afere o popular
> por sua visibilidade ou por seu sucesso comercial. Essa é a de-
> finição subjacente mais comum, equiparando o popular (e as
> atitudes e o gosto populares) aos produtos de massa e à mídia
> de massa.[3]

A cultura pop é o ponto no qual o comercial encontra o midiá-tico. John Storey, professor de Estudos Culturais na Universidade de Sunderland, Reino Unido, afirma que, "qualquer que seja a de-finição de cultura popular, é definitivamente uma cultura que só surgiu após a industrialização e a urbanização".[4] A cultura popular pode ser definida a partir dos significados e das práticas produ-zidas pelas audiências populares no momento do consumo. Esse argumento reverte a questão tradicional de "Como a indústria cul-tural transforma as pessoas em mercadorias que atendam aos seus interesses?" para "Como as pessoas transformam os produtos da indústria em sua cultura popular, atendendo a seus interesses?".

É essencial adotar uma postura crítica em relação à cultura pop (que Kidd chama de "cultura comercial"), questionando os interes-ses comerciais subjacentes à produção e à disseminação de deter-minados conteúdos. Segundo o professor,

---

[3] BROOKER, *A Glossary of Cultural Theory*, p. 195.
[4] STOREY, John. *Cultural Theory and Popular Culture*: An Introduction. 5. ed. Sunderland: University of Sunderland, 2006. p. 12.

ONDE ESTÁ DEUS NA CULTURA POP?

> ao contrário da cultura que é produzida e apreciada dentro de uma comunidade, a cultura comercial cria uma clara separação entre os processos de produção e recepção. A recepção envolve a forma como o público recebe e utiliza um produto cultural, como um programa de televisão. Ela abrange tanto o consumo, que envolve acessar e escolher um produto cultural, como a interpretação, que envolve compreender o significado do produto cultural e agir com base nesse significado.[5]

Em nossos dias, quando se fala em cultura pop, pensa-se nas músicas que se encontram no top 50 do Spotify, nos filmes que recebem *reviews* no YouTube, nos livros e quadrinhos adaptados para o audiovisual e nas séries maratonadas na Netflix e em outros serviços de *streaming*. De repente, tornou-se impossível desvincular o fator mercadológico da produção artística massificada. As plataformas digitais definem os rumos do conteúdo cultural pop. Se, por um lado, há maior democratização de acesso, por outro, criou-se uma espécie de monopólio. Apesar de o termo "pop" subentender o mais extenso "popular", não são todas as pessoas que têm acesso às variadas alternativas de *streaming* e consumo. O recorte real da cultura pop do século 21 está naquilo que venderá mais brinquedos, mais anúncios ou mais produtos derivados. O pop cultural não é tão popular assim; ele mais se encaixa em uma referência remota ao termo "pipoca" (de *popcorn*, em inglês), vendida nos cinemas a preços inflados em parceria com o produto de real interesse.

A cultura pop dos Estados Unidos dominou amplamente a indústria cinematográfica global, tornando-se uma das principais exportações culturais do país. Essa hegemonia tem suas raízes no desenvolvimento robusto de Hollywood e no investimento significativo em produção e marketing, garantindo, assim, que as produções alcancem um público internacional extenso e diversificado. No entanto, aos poucos, esse cenário vem passando por mudanças, com a ascensão de outros mercados culturais, como, por exemplo,

---

[5] KIDD, Dustin. *Pop Culture Freaks*: Identity, Mass Media, and Society. Boulder: Westview, 2014. Edição digital.

os cinemas asiático e latino-americano, que têm conquistado espaço e adquirido projeção global. Isso contribui para um panorama cultural mais rico e inclusivo no mundo da cultura pop.

Essa diversificação cultural ganhou força com o surgimento de mercados regionais em todo o mundo. Gêneros musicais como K-pop (sul-coreano) e J-pop/J-rock (japoneses) alcançaram sucesso global com suas performances. Bollywood, a indústria cinematográfica indiana, também encontrou audiência internacional, com suas histórias e danças. Da mesma forma, as telenovelas e a música latinas têm conquistado admiradores para além das fronteiras geográficas. Esses mercados emergentes mostram que a cultura pop não é mais dominada por uma única fonte.

Stuart Hall enxerga no viés comercial uma função dialogal:

> Se as formas de cultura popular comercial disponibilizadas não são puramente manipuladoras, é porque, junto com o falso apelo, a redução de perspectiva, a trivialização e o curto-circuito, há também elementos de reconhecimento e identificação, algo que se assemelha a uma recriação de experiência e atitudes reconhecíveis às quais as pessoas respondem. O perigo surge porque tendemos a pensar as formas culturais como algo inteiro e coerente: ou inteiramente corrompidas ou inteiramente autênticas, enquanto elas são profundamente contraditórias, jogando mesmo com as contradições, em especial quando funcionam no domínio do popular.[6]

Um exemplo possível que ilustra essa contradição é o filme *Deadpool* (2016), dirigido por Tim Miller e estrelado por Ryan Reynolds. Trata-se de um filme *nerd* por excelência, que faz piadas com os atores, com os estúdios e até mesmo com a Marvel. O longa não se leva a sério e convida o público a se divertir com ele, reconhecendo as referências trazidas. *Deadpool* mescla elementos de entretenimento comercial, como sequências de ação e efeitos especiais, com uma

---

[6] HALL, Stuart. *Da Diáspora*: identidades e mediações culturais. Trad. de Adelaine La Guardia Resende, Ana Carolina Escosteguy, Claudia Alvares, Francisco Rudiger e Sayonara Amaral. Belo Horizonte: Editora da UFMG, 2003. p. 255.

abordagem autêntica, autoconsciente e metalinguística. Avaliar se essa abordagem é positiva ou negativa fica a critério do espectador, mas é incontestável que o filme marcou um importante momento na história das adaptações dos quadrinhos e gerou no público uma experiência de entretenimento, humor e envolvimento ativo.

UMA CULTURA QUE REFLETE NECESSIDADES

Dois mais dois são quatro, tanto na boca de Judas como na de Pedro. Mas o óbvio ainda precisa ser dito: a verdade é verdadeira. A cultura pop, em sua diversidade de manifestações, muitas vezes atua como termômetro das dores e expectativas que permeiam o mundo contemporâneo. O *boom* de filmes de super-heróis, por exemplo, revela uma profunda carência de figuras que respondam às angústias e aos desafios enfrentados pela sociedade. Esses heróis personificam características e valores que muitos anseiam encontrar na vida real. Eles simbolizam a busca por soluções e respostas diante das adversidades. A amplitude da cultura pop reflete nossas dores e expectativas, com heróis fictícios nos conduzindo em sua busca por coragem, justiça e esperança para enfrentar os desafios, talvez porque aqui, no mundo real, sentimos falta de bons exemplos.

As músicas que abordam temas como traição e infidelidade retratam a realidade vivenciada por seus compositores e pelo público que as consome. Essas letras refletem a ausência de comprometimento e lealdade nas relações interpessoais e familiares, tocando em questões dolorosas. As canções não são apenas expressões artísticas, mas reflexos de uma realidade social em que a fidelidade e a confiança mútua nos relacionamentos são escassas. Elas servem como sintomas evidentes de uma sociedade que sofre com a profunda carência desses valores essenciais.

Filmes de vingança oferecem um escape para uma sociedade frequentemente impotente perante injustiças. Eles exploram a temática da retribuição e da autojustificação, permitindo que o público vivencie, de forma fictícia, um senso de empoderamento e satisfação ao testemunhar personagens que buscam justiça própria. No entanto, essa representação também nos instiga a refletir, de forma crítica, sobre os limites e as consequências dessa abordagem, questionando se a vingança é uma resposta adequada e construtiva aos infortúnios.

Séries de TV e filmes distópicos e apocalípticos oferecem um olhar sombrio e provocativo sobre o futuro da humanidade. Narrativas distópicas estimulam discussões importantes sobre sustentabilidade, ética e a obrigação de assumir responsabilidade individual e coletiva na construção de um futuro mais promissor. Ao nos confrontar com um mundo fictício extremo, essas produções nos convidam a repensar nossas ações e buscar soluções para os atuais desafios, fortalecendo a consciência sobre a importância de preservar o planeta e cultivar valores humanos essenciais.

Nos filmes, músicas, séries de TV e outras manifestações culturais, as pessoas encontram um espaço para se identificar, refletir e enxergar suas próprias dores, seus anseios e expectativas para a sociedade. No entanto, é necessário estar ciente de que a cultura pop não é um espelho perfeito da realidade, mas uma construção que pode ser influenciada por interesses comerciais, ideológicos e artísticos. É comum enxergar um campo de batalha entre o sagrado e o profano; porém, com boa vontade, é possível também visualizar um terreno fértil para refletir sobre esperança, restauração e transformação. Trata-se de uma oportunidade ímpar de ler o mundo pelos olhos de outras pessoas — pessoas diferentes de nós, mas também dotadas da imagem e da semelhança do Criador.

Ao interagirmos com a cultura pop, devemos ter consciência da influência que ela exerce sobre nós e estar dispostos a fazer escolhas informadas e críticas. Isso significa estarmos abertos ao diálogo, a ouvir diferentes perspectivas e a questionar tanto os aspectos positivos como os negativos que se fazem presentes nas obras culturais. Somente assim, poderemos aproveitar o potencial da cultura pop, com o propósito de crescer, construir uma sociedade mais justa e buscar valores genuínos e significativos.

CONIVÊNCIA, CONVIVÊNCIA E COERÊNCIA

É crucial adotarmos uma postura crítica em relação à cultura pop, questionando os valores transmitidos e analisando de que forma podem afetar nossas vidas e a sociedade como um todo. Existem muitos produtos que gritam contra a fé cristã, produtos que vão da pornografia ao ocultismo, passando pelos estereótipos negativos que envolvem minorias étnicas e a normalização de comportamentos tóxicos, como, por exemplo, o uso de entorpecentes e a glorificação da violência. Nem tudo que é popular ou amplamente consumido reflete, necessariamente, valores positivos ou saudáveis. É importante questionar se essas obras estão promovendo uma visão equilibrada e ética do mundo ou se estão perpetuando estereótipos, comportamentos prejudiciais e superficialidade. Nada disso é desejável, honesto, puro, amável ou de boa fama, como orientou o apóstolo Paulo aos filipenses (Filipenses 4:8), razão pela qual cabe uma autoanálise referente ao consumo dos produtos culturais.

A cultura pop tem grande impacto na sociedade e na maneira de as pessoas pensarem e se comportarem. Consumir seus produtos de forma crítica significa estar ciente das mensagens que estão sendo transmitidas e ter consciência de que é preciso sempre questionar sua apresentação. Isso envolve pesquisar sobre os criadores e a história por trás da obra, bem como descobrir de que maneira ela retrata questões sociais e culturais.

A convivência com o diferente é um aspecto importante da experiência cristã. Conviver não significa apoiar, muito menos concordar. Como seguidores de Cristo, somos chamados a interagir com a cultura ao nosso redor e dialogar com ideias e perspectivas distintas das nossas. A convivência nos permite compreender

CONSUMIDORES OU PRODUTOS?

melhor o contexto em que vivemos, ampliar nossos horizontes e encontrar pontos de contato com outras pessoas, ainda que elas não compartilhem de nossa fé.

Por outro lado, a conivência se refere à tolerância ou ao consentimento de comportamentos ou ações inapropriados ou incorretos. Em outras palavras, implica fechar os olhos a coisas erradas ou que ofendem nossos valores. Quando somos coniventes com comportamentos ou ações que vão contra nossa consciência, criamos um ambiente incoerente e traímos nossas crenças. É importante observar que a conivência não deve ser tolerada, pois compromete a integridade da fé e pode levar à diluição dos valores primordiais que confessamos.

O salmista diz que o ímpio vê o ladrão, consente com ele e tem sua parte com os adúlteros (Salmos 50:18). A conivência com o pecado é uma ofensa a Deus, tornando-nos cúmplices de injustiça. Um cristão deve saber conviver em sociedade sem ser conivente com o pecado que nela existe. Isso significa que ele deve amar o próximo como a si mesmo, respeitar as leis e as autoridades, ser honesto, justo e pacífico, e procurar fazer o bem a todos, sem discriminar ou julgar ninguém. Ao mesmo tempo, o cristão deve guardar sua fé em Deus, seguir seus mandamentos, evitar as tentações e as más influências, e testemunhar o evangelho de Cristo por meio de palavras e ações. Essa seria uma forma de ser sal e luz no mundo, como ensinou Jesus (Mateus 5:13-16).

No entanto, essa fórmula se aplica a comportamentos sociais coletivos, ou seja, no trato com as pessoas ao nosso redor. O que fazer a respeito do consumo de cultura pop, que se dá individualmente, seja assistindo a *streaming* na sala de estar, seja lendo um livro enquanto se toma um café, seja ainda correndo na esteira com fone de ouvido? Uma resposta provável é o uso da liberdade responsável. O cristão pode consumir produtos da cultura pop que não violem sua consciência, sua fé e seus valores, mas que também não constituam uma pedra de tropeço para as outras pessoas. Ele deve respeitar a diversidade de opiniões e gostos entre os cristãos, sem julgar nem condenar os que pensam ou consomem de uma

ONDE ESTÁ DEUS NA CULTURA POP?

forma diferente da dele. Ele deve ainda estar atento aos efeitos que o consumo da cultura pop pode ter em sua vida espiritual, mental e emocional, evitando tornar-se dependente dela ou alienado por ela.

Manter a coerência entre o que se professa, o que se vive e o que se consome é um desafio constante. Requer uma atitude vigilante e uma abordagem informada e reflexiva diante da cultura. Isso não se trata de legalismo estreito, mas, sim, de uma integração genuína entre fé e vida cotidiana, para que nossas escolhas e nossos comportamentos sejam coerentes com os valores que professamos.

Cito um exemplo pessoal. Conheci a banda inglesa *Iron Maiden* em minha pré-adolescência. Eu amava os solos de guitarra do trio Adrian Smith, Janick Gers e Dave Murray, vibrava com os galopes do baixo de Steve Harris, com as viradas na bateria de Nicko McBrain e, obviamente, admirava a extensão vocal de Bruce Dickinson. Quando completei 14 anos de idade, já tinha ouvido todos os álbuns lançados pela banda (e sabia tocar algumas músicas na guitarra). Em 2003, eu me converti em uma igreja evangélica, fui batizado, porém continuei ouvindo, tocando e cantando as músicas da banda. Ninguém nunca me disse nada sobre deixar de ouvir minha banda favorita, mas, naturalmente, passou a ser estranho abrir a boca para entoar frases como "Bring your daughter to the slaughter" ("Traga a sua filha para o massacre") ou "Hell ain't a bad place" ("O inferno não é um lugar ruim"). Houve uma mudança na perspectiva e em minha sensibilidade após a experiência de conversão. Como eu poderia cantar "Glória, glória, aleluia!" no domingo e "I will possess your body" ("Eu vou possuir o seu corpo") na segunda-feira?

Em um primeiro momento, tentei contornar essa situação ouvindo as músicas, mas, mentalmente, censurando os trechos que entravam em choque com minha crença. Com o tempo, passei a fazer escolhas mais conscientes em relação às músicas que eu consumia, deixando de lado aquelas cujas letras feriam diretamente aquilo em que eu cria. O terceiro estágio foi marcado por uma decisão mais drástica: decidi parar de ouvir completamente todas as bandas *heavy metal* (e por tabela, outros gêneros "seculares").

Percebi que a música era uma forte influência, e eu queria ser responsável por aquilo que habitava minha mente e meu coração. No quarto estágio, reavaliei a ideia de que a simples audição de determinadas letras poderia me contaminar espiritualmente. Então, aprendi que o que importa verdadeiramente é o que sai da boca e que as ações e palavras refletem valores e princípios. Assim, percebi que posso apreciar a música com discernimento, separando a mensagem lírica da experiência musical em si. Honestamente, se alguém abrir minha conta do Spotify, não vai encontrar nenhuma canção do Maiden, do Black Sabbath, do Judas Priest ou de outras bandas que eu amava há vinte anos. Outro dia assisti a um episódio da versão sueca do programa "Ídolos", em que um jovem estava cantando a música "Run to the Hills". Vibrei junto com o público que assistia, cantei junto, fiz movimentos de *air drumming* e vivi alguns minutos recheados de nostalgia. Não demonizo manifestações culturais. Sei o que vivi e a alegria que senti, mas vivo atualmente uma nova estação em minha vida.

A arte não precisa seguir a dicotomia secular-sagrado. Ela é humana e provém da criatividade, que, por sua vez, é um presente divino. Desde os primórdios da história, a expressão artística tem sido uma forma poderosa de se comunicar e se conectar tanto com o mundo ao redor como com o transcendente. A música, em especial, tem a capacidade única de tocar o íntimo de nossa alma e nos transportar para estados emocionais profundos.

Ao adotarmos uma postura de convivência saudável, rejeitando a convivência com o que é contrário à fé cristã e buscando

Ao adotarmos uma postura de convivência saudável, rejeitando a conivência com o que é contrário à fé cristã e buscando coerência em todas as esferas da vida, podemos desfrutar uma relação mais enriquecedora e significativa entre o cristianismo e a cultura.

ONDE ESTÁ DEUS NA CULTURA POP?

coerência em todas as esferas da vida, podemos desfrutar uma relação mais enriquecedora e significativa entre o cristianismo e a cultura. Essa abordagem nos permite apreciar as diversas expressões culturais e dialogar com elas, ao mesmo tempo que mantemos nossa identidade cristã e testemunhamos os valores do reino de Deus no mundo.

● CAPÍTULO 3

Nós e a cultura

O escritor e filósofo italiano Umberto Eco, em sua obra *Interpretação e superinterpretação*, cita um texto do búlgaro Todorov (que está citando o alemão Lichtenberg em um diálogo com seu conterrâneo Boehme). Segundo ele(s), "um texto é apenas um piquenique em que o autor entra com as palavras, e os leitores, com o sentido".[1] Assim, a discussão sobre a interpretação de uma obra se torna interessante, pois, ao mesmo tempo que se consome a arte, também se é consumido por ela. Portanto, seu significado não está atrelado necessariamente ao que o autor da obra intentou originalmente.

A cultura pop é, simultaneamente, entretenimento e autoimagem. Distração e reflexo. Passatempo e estudo de caso. A perspectiva sempre dependerá dos olhos que a enxergam e da boa vontade daquele que a desfruta. Olhos desatentos verão apenas a recreação proposta por músicas, filmes, livros e programas de TV. Olhos bem treinados poderão enxergar, em meio ao momento de lazer, uma mensagem implícita que o autor pretendia entregar à sua audiência. O cristão não depende da luz da intenção original do artista para enxergar algo. Dele, emana uma luz que o transforma em um ressignificador em potencial do mundo que o rodeia.

Um cristão pode encontrar valor e aprendizado em obras que não se baseiam na cosmovisão cristã, ainda que tenham o desejo de resgatar a cultura. Algumas obras abordam dilemas específicos da sociedade moderna, como os avanços tecnológicos e as questões éticas envolvidas. Por exemplo, filmes como *Ex-Machina*

---

[1] ECO, Umberto. *Interpretação e superinterpretação*. Trad. de Monica Stahel. São Paulo: Martins Fontes, 2005. p. 28.

ONDE ESTÁ DEUS NA CULTURA POP?

(Alex Garland, 2014) e *Ela* (Spike Jonze, 2013) discutem a consciência e a moralidade na relação com máquinas inteligentes. O filme *Gattaca* (Andrew Niccol, 1997) fala sobre a manipulação genética e suas consequências. A série *Black Mirror* mostra os efeitos sociais e psicológicos das inovações tecnológicas em um futuro próximo. Já o filme *Não olhe para cima* (Adam McKay, 2021) é uma crítica tanto à falta de ação dos governos e da mídia, que ignoram ou minimizam a questão climática, como à influência dos interesses econômicos e políticos na tomada de decisões.

Essas questões nunca foram suscitadas por autores bíblicos e não há problema algum nisso, dado o contexto em que estavam inseridos. Isso, contudo, não significa que a Bíblia seja desatualizada, mas, sim, que ela existe em uma janela temporal que, em primeiro lugar, se relaciona, imediata e localmente, com a audiência que recebeu os textos; e que, em segundo lugar, reúne princípios, valores e ensinos aplicáveis a todas as culturas posteriores. Os filmes mencionados, entre outros, podem inspirar um cristão a pensar sobre como sua fé molda suas escolhas em relação ao uso responsável da tecnologia, ao cuidado com o planeta e à defesa dos valores humanos fundamentais, como, por exemplo, o respeito à vida, à dignidade, à liberdade e à justiça, obviamente sustentados por uma orientação bíblica. O que estamos propondo é uma espécie de tradução cultural.

UMA CULTURA TRADUZIDA

Um tradutor, ao aproximar conceitos de idiomas diferentes, constrói estradas entre culturas e democratiza o acesso ao conhecimento. Essa não é uma tarefa simples, pois envolve fatores linguísticos, comunicativos e culturais. Anthony Pym, professor da Universidade de Rovira i Virgili, ao definir o verbete *tradução*, observa:

> Por extensão, pode-se falar de "língua de partida" e "língua de chegada", ou ainda de "cultura de partida" e "cultura de chegada". "Traduzir" seria, então, um conjunto de processos

que conduziriam à passagem (de textos, da língua, da cultura) de um lado para outro.[2]

Aplicando esse conceito à nossa vida como igreja, podemos observar que a tradução de uma linguagem celeste para o mundo material se faz necessária. Comunicar aberta e publicamente é essencial para se fazer entendido. Se a missão é o que justifica a existência de determinada entidade, então a missão prioritária da igreja é anunciar — em outras palavras, traduzir — o reino de Deus na terra. A igreja usa sermões e pregações como forma de expor e transmitir a mensagem do evangelho, orientada ao cumprimento de seu chamado. Esse anúncio requer o uso de signos escritos, visuais, sonoros ou não verbais. Contudo, há um elemento crucial que não é alcançado apenas com a comunicação: o exemplo. Nesse sentido, o apóstolo João escreve algo que se torna um divisor de águas: "Ninguém jamais viu a Deus; se amarmos uns aos outros, Deus permanece em nós, e o seu amor está aperfeiçoado em nós" (1João 4:12). É por meio da prática do amor, passível de verificação, reprodução e assimilação, que o Rei eterno, imortal e invisível, o Deus único, se torna visível.

O filósofo alemão Arthur Schopenhauer, ao se referir à tradução de poesias, diz com exagero que "toda tradução é uma obra morta, e seu estilo é forçado, rígido, sem naturalidade".[3] É comum, nesse meio, dizer que a nota de rodapé é um atestado de incompetência do tradutor, ou que todo tradutor é um traidor.[4] Com todo o respeito ao senhor Schopenhauer, discordo dele. Se, hoje, é possível ler em língua portuguesa obras escritas originalmente em outro idioma, é porque alguém se propôs à árdua tarefa de transposição e adaptação de códigos linguísticos. Todo um universo cultural é

---

[2] PYM, Anthony. *Explorando as teorias da tradução*. Trad. de Rodrigo Borges de Faveri, Claudia Borges de Faveri e Juliana Steil. Ed. digital. São Paulo: Perspectiva, 2017. Edição digital.

[3] SCHOPENHAUER, Arthur. *A arte de escrever*. Trad. de Pedro Süssekind. Porto Alegre: L&PM, 2014. p. 150.

[4] "Traduttore, traditore" é um provérbio italiano cujo significado aponta para a ideia de que nenhum tradutor consegue manter o significado e a profundidade original do termo traduzido, sendo, portanto, um "tradutor, traidor".

ONDE ESTÁ DEUS NA CULTURA POP?

adaptado por meio de uma ponte imaginária que se compõe de padrões equivalentes. Traduzir é reconstruir, restabelecer, mas, sobretudo, interpretar.

É bem verdade que a igreja tem suas notas de rodapé escritas a partir da pluralidade confessional, manifestando diferentes traduções da mesma realidade. Entretanto, estendendo um pouco mais a metáfora literária, no capítulo da história da igreja correspondente aos fundamentos da fé, as traduções milenares, amparadas pela ortodoxia, confluem na escolha de uma única palavra: Jesus. Decerto, é possível subverter o ditado italiano em *"traduzione, tradizione"*, ou seja, para uma correta tradução, deve-se respeitar a tradição.

O mundo que outrora experimentou uma linguagem única (veja Gênesis 11:1) hoje conta com uma miríade de idiomas, e sua população anseia, ainda que não saiba, por um novo dia de Pentecostes, no qual todos passarão a ouvir, em sua própria língua, a mensagem de salvação convergente em Cristo. Cabe à igreja o papel de traduzir a mensagem da cruz a todos os povos.

E o que isso tem a ver com cultura? Ora, pois, tudo! Nesse sentido, Francis Schaeffer, teólogo norte-americano e um dos maiores nomes no que se refere ao diálogo entre cristianismo e cultura, contribui ao afirmar:

> Se alguém vai passar uma longa temporada no exterior, é de se esperar que aprenda a língua do país a que se destina. Mais do que isso, entretanto, faz-se necessário ele poder realmente comunicar-se com aqueles no meio dos quais viverá. Impõe-se-lhe aprender ainda outra língua — a das formas de pensamento das pessoas com quem falará. É somente assim que conseguirá real comunicação com eles e a elas. O mesmo se dá com a igreja cristã. Sua responsabilidade não é apenas professar os princípios básicos da fé cristã, à luz das Escrituras; cumpre-lhe comunicar estas verdades imutáveis à geração em que se situa.[5]

---

[5] SCHAEFFER, Francis. *A morte da razão*. São Paulo: ABU; Fiel, 1983. p. 5.

NÓS E A CULTURA

Os cristãos devem conhecer a cultura na qual estão inseridos. O episódio do apóstolo Paulo em Atenas, no qual ele menciona o altar com a inscrição "AO DEUS DESCONHECIDO" (Atos 17:23), é citado em mensagens pastorais como exemplo de evangelizar utilizando a cultura. Mas existe algo que, em geral, passa despercebido em Atos 17. Paulo só pôde discorrer com eloquência entre os atenienses porque havia lido os poetas e filósofos da região. Quando Paulo diz "nele vivemos, nos movemos e existimos" (Atos 17:28), ele cita diretamente o poeta grego Epimênides. Ainda no mesmo versículo, ao dizer "também somos descendência dele", ele está citando o poeta Arato.[6] Aos coríntios, ele cita o poeta Menandro,[7] quando diz que "as más companhias corrompem os bons costumes" (1Coríntios 15:33).

Perceba que o judaísmo do qual Paulo fazia parte não exigia a realização de missões estrangeiras nem o ato de fazer convertidos, apesar de haver prosélitos em Israel. A escolha de Paulo de estudar, ler e aprender sobre a cultura grega, incluindo arte, poesia e filosofia, se deu por motivações pessoais e intelectuais. Como um fariseu ilustrado, Paulo provavelmente teve uma educação bem ampla, que incluía conhecimento da cultura greco-romana e da filosofia grega. Quando Paulo citou poetas e filósofos gregos em seus discursos, ele fez isso não porque estava impondo a cultura grega sobre o evangelho, mas porque percebeu que isso ajudaria a estabelecer uma ponte de comunicação com seu público. Essas referências culturais serviram como ponto de partida para apresentar a mensagem do evangelho de uma forma que fizesse sentido às pessoas que ele tentava alcançar.

Quando consumimos qualquer forma de arte, como filmes, livros, pinturas ou poesias, nossos motivos podem variar amplamente. Algumas das motivações comuns incluem: entretenimento,

---

[6] ARATO DE SOLOS. *Phaenomena*. Trad. de G. R. Mair. Londres: William Heinemann; Nova York: G.P. Putnam's Sons, 1921.

[7] Keener indica que esse era um provérbio de uso comum, mas utilizado anteriormente na obra *Thais*, de Menandro. (KEENER, Craig S. *New Cambridge Bible Commentary*: 1-2 Corinthians. Cambridge: Cambridge University Press, 2005.)

> **O que se faz com a cultura absorvida, esse, sim, é o ponto crucial para o cristão comprometido com sua fé, pois reflete sua resposta ao chamado para ser um "agente do reino".**

apreciação estética, busca por conhecimento, reflexão, inspiração, pesquisa ou até mesmo conexão social. A motivação para absorver a cultura pode ser plural e variar entre diferentes cristãos, mas o que se faz com a cultura absorvida, esse, sim, é o ponto crucial para o cristão comprometido com sua fé, pois reflete sua resposta ao chamado para ser um "agente do reino".

UMA CULTURA NARRATIVA

Não é estranho que algumas questões surjam neste momento. Eu preciso da cultura pop? É realmente necessário assistir a todas as temporadas de *Família Soprano* e *Breaking Bad*? Vou ter de consumir toda a coletânea de filmes da Marvel na ordem de lançamento e depois revê-la em ordem cronológica? Terei de ler alguma nova trilogia genérica de distopia adolescente? A resposta é "Não". Não há legislação que exija que as pessoas assistam a séries, leiam livros, ouçam músicas ou passem a noite em um cinema assistindo a algum filme. É uma questão de escolha. Há quem considere essas escolhas divertidas e relaxantes; outros, porém, talvez não gostem delas tanto assim.

Contar histórias é algo intrínseco à natureza humana. Desde tempos imemoriais, as pessoas têm usado narrativas para transmitir conhecimento, compartilhar experiências e expressar suas emoções. Desde as pinturas rupestres nas cavernas até as produções cinematográficas de hoje, as histórias são uma forma de expressão cultural. Por meio delas, as pessoas criam conexões tanto com seus semelhantes como com realidades distantes. Histórias nos ajudam a entender o mundo ao nosso redor, a dar sentido às nossas experiências e a explorar conceitos complexos. Elas têm o

NÓS E A CULTURA

poder de nos transportar para outras épocas, lugares e realidades, despertando nossa imaginação e expandindo nossos horizontes.

Além disso, contar histórias é um meio de compartilhar valores, crenças e tradições. Elas nos ajudam a preservar nossa identidade cultural e a transmitir nosso legado às futuras gerações. Por meio das histórias, podemos explorar questões sociais, políticas e filosóficas, promovendo reflexão e debate. O entretenimento, em suas várias formas, desempenha papel fundamental no processo de contar histórias. Filmes, séries, livros, músicas e outras formas de arte são veículos poderosos para a narrativa. Eles nos envolvem emocionalmente, nos conduzem a jornadas épicas, nos fazem rir, chorar e refletir.

Ao consumirmos entretenimento, estamos nos conectando com a tradição ancestral de contar histórias. Estamos explorando o desejo que todo humano tem de se envolver em narrativas, de se emocionar com as histórias dos personagens e de encontrar significado em suas vidas. O entretenimento nos proporciona uma pausa na realidade, mas também nos desafia a refletir sobre nós mesmos e sobre o mundo em que vivemos. Portanto, é natural que nos sintamos atraídos pelo entretenimento e pelas histórias que contam. Não é uma obrigação consumir determinadas obras culturais; trata-se tão somente de uma oportunidade de explorar nossa humanidade compartilhada e de nos conectar com algo maior do que nós mesmos.

Além de todas as formas contemporâneas de entretenimento e narrativa, é importante reconhecer que a contação de histórias remonta a tempos remotos e desempenhou papel fundamental no desenvolvimento da humanidade. Um exemplo notável disso é a Bíblia, que começou como tradição oral antes de ser registrada por escrito.

A Bíblia é uma coleção de textos sagrados que narram histórias, parábolas e ensinamentos morais e espirituais. Antes de serem escritos, esses textos eram transmitidos oralmente, de geração em geração. Essa tradição oral permitiu que as narrativas bíblicas fossem compartilhadas, adaptadas e reinterpretadas ao longo do tempo, de acordo com as diferentes culturas e os variados contextos em que eram apresentadas. O evangelho, em particular, é uma boa notícia que foi transmitida de várias formas e compilado na modalidade escrita. As narrativas dos Evangelhos de Mateus, Marcos, Lucas e João, por exemplo, apresentam diferentes perspectivas sobre a vida, os ensinamentos e os feitos de Jesus Cristo. Cada evangelista usou a narrativa como meio de comunicar a mensagem central do evangelho, adaptando-a ao seu público e ao seu contexto específicos. A tradição de contar histórias na Bíblia demonstra que a narrativa oral e escrita desempenha papel crucial na transmissão de mensagens, valores e crenças. Ela permite que as histórias sejam moldadas, reinterpretadas e transmitidas ao longo do tempo, mantendo sua relevância e seu significado para diferentes audiências.

Assim como as formas contemporâneas de entretenimento, por exemplo, filmes e séries, as narrativas da Bíblia têm o poder de cativar, ensinar e inspirar. Elas oferecem uma perspectiva sobre questões existenciais e espirituais, convidando leitores e ouvintes a refletir sobre sua própria fé e seu propósito na vida.

Assim como as formas contemporâneas de entretenimento, por exemplo, filmes e séries, as narrativas da Bíblia têm o poder de cativar, ensinar e inspirar. Elas oferecem uma perspectiva sobre questões existenciais e espirituais, convidando leitores e ouvintes a refletir sobre sua própria fé e seu propósito na vida.

Ao considerar a importância das histórias e do entretenimento, é relevante reconhecer a longa tradição de narrativas que permeiam a humanidade, incluindo as narrativas contidas na Bíblia. Essas histórias desempenharam papel significativo na formação de identidades culturais e crenças religiosas, bem como no desenvolvimento humano como um todo.

NÓS E A CULTURA

UMA CULTURA DO CONSUMO

Nem demasiadamente justo, nem sábio. Nem demasiadamente ímpio, nem louco. É isso que o livro de Eclesiastes recomenda (Eclesiastes 7:16,17). A justa medida é algo difícil de se encontrar, porém se mostra gratificante em seus frutos. Somos encorajados a tomar decisões ponderadas e buscar a moderação em todas as áreas da vida, promovendo o florescimento humano e a harmonia nas relações sociais. Essa é a tônica recomendada nesta seção, no que se refere ao consumo da cultura pop.

O glutão

É possível ser glutão, alguém com uma voracidade insaciável por consumir e absorver diferentes aspectos e produtos da cultura pop. Essa perspectiva enfatiza a ideia de que "mais é sempre melhor". Os glutões da cultura pop se entregam a maratonas de séries, assistem a todos os lançamentos de filmes, acompanham de perto os lançamentos musicais e se envolvem em discussões acaloradas sobre os detalhes mais minuciosos das histórias e de seus personagens. Eles veem o consumo de cultura pop como uma forma de conexão com outras pessoas que compartilham os mesmos interesses. Para eles, ser um fã autêntico significa estar imerso nesse universo cultural, dominando todas as referências e participando ativamente de conversas e comunidades on-line.

Essa visão está fundamentada na necessidade de pertencimento e identificação com uma comunidade. Para os glutões, a cultura pop é um fim em si mesma. Eles apreciam as obras de entretenimento por seu valor intrínseco, sem se preocupar com filtros ou análises mais aprofundadas. O consumo desse tipo de cultura é uma forma de escapismo, um meio de se divertir e se desconectar dos problemas do mundo real.

Dessa forma, a ênfase consiste no prazer imediato que é proporcionado pelo consumo de cultura pop. É uma visão que valoriza a diversão e a identificação com as obras, sem exigir uma análise crítica ou um engajamento mais profundo com as mensagens e os temas presentes nelas.

O abstêmio

O extremo oposto à glutonaria é a perspectiva do abstêmio, que questiona a validade e a importância do consumo da cultura pop. Os abstêmios acreditam que o consumo de produtos culturais pode conduzir à superficialidade nas interações humanas, substituindo experiências reais por uma imersão excessiva em mundos fictícios. O foco na cultura pop pode resultar em isolamento social, já que as pessoas podem passar horas a fio consumindo conteúdo em vez de se envolver em interações pessoais significativas. Os abstêmios também levantam questões sobre a qualidade e a originalidade dos produtos culturais modernos, argumentando que, com frequência, o entretenimento popular é produzido em massa, seguindo fórmulas previsíveis, e perdendo a essência da arte e da inovação. Questionam a importância de acompanhar todas as tendências, argumentando que as pessoas podem desperdiçar tempo e energia em obras que têm pouco valor duradouro.

Essa visão é influenciada por um viés "puritano" e pela preocupação com o que pode ser considerado contaminante. Os abstêmios veem a cultura pop como uma influência negativa que pode corromper valores e princípios morais. Acreditam que muitos produtos culturais populares promovem ideias superficiais, valores questionáveis e comportamentos contrários às crenças mais tradicionais. Preocupam-se com o eventual desvio de atenção das questões relevantes da sociedade por causa do excessivo consumo da cultura pop. Enfatizam uma postura crítica em relação ao consumo, acreditando ser importante filtrar e selecionar cuidadosamente o que é consumido, evitando obras consideradas prejudiciais ou superficiais. Buscam maior profundidade e significado em suas experiências culturais, valorizando obras que proporcionem reflexão, originalidade e valor artístico.

O consciente

Há uma terceira via em relação ao consumo de cultura pop. O caminho do meio é representado por um indivíduo crítico, sóbrio, analítico e capaz de dialogar com a cultura sem se deixar levar completamente por ela. Esse indivíduo é consciente de que tudo é lícito, mas que nem tudo lhe convém, e que não deve ser dominado pelas coisas do mundo. Essa pessoa apresenta uma postura equilibrada, valorizando a arte e o entretenimento, ao mesmo tempo que mantém seus pressupostos cristãos. Ela não busca testar os limites e encontrar respostas fáceis, nem tem um checklist do que pode ou não pode ser feito, mas constantemente reflete sobre suas escolhas do presente.

O consciente compreende que a cultura pop pode oferecer uma diversão saudável e uma experiência enriquecedora. Ele aprecia a criatividade e o talento dos artistas, reconhecendo o poder das narrativas para entreter, inspirar e produzir reflexão. No entanto, também se mantém ciente dos aspectos críticos e avalia cuidadosamente as mensagens e os valores presentes nas obras.

Essa perspectiva valoriza a capacidade de análise e discernimento. O consciente não se deixa levar cegamente pelas tendências ou pela pressão social, mas busca compreender e questionar os elementos da cultura pop que podem entrar em conflito com seus valores cristãos. Ele sabe distinguir entre o entretenimento puro e uma abordagem mais profunda da arte, reconhecendo a possibilidade de evitar excessos e extremos na vida. Além disso, ele é capaz de dialogar com a cultura de forma construtiva e enriquecedora. Ele utiliza as obras de entretenimento como ponto de partida para tecer discussões mais amplas sobre questões éticas, morais, sociais e espirituais. Ele busca identificar as mensagens positivas, as oportunidades de reflexão e os valores compartilhados entre a cultura pop e sua fé cristã, ao mesmo tempo que mantém uma postura crítica em relação a aspectos que se mostram contrários aos seus princípios. O consciente aproveita o entretenimento e valoriza a arte, mantendo a consciência crítica e a postura equilibrada. Ele encontra um ponto de equilíbrio entre o prazer proporcionado pelas obras de cultura pop e a preservação de seus valores cristãos.

A humildade vence a soberba

É possível — e até mesmo desejável — ser abstêmio de certos produtos da cultura pop que, notadamente, fazem mal aos que os consomem. Já a postura do glutão não é admirável. É necessário estar ciente de que o mercado quer gerar um senso de urgência e necessidade de consumo. O frisson provocado pelas campanhas publicitárias de alguns filmes e séries naturalmente desperta a curiosidade para vê-los o quanto antes. O burburinho gerado pelo filme *Barbie* (2023), por exemplo, fez com que tanto críticos como apoiadores fossem desesperadamente às salas de cinema para conferir a obra da diretora Greta Gerwig. Por fim, apesar de o consciente transparecer prudência e temperança — e, de fato, é recomendável compreendermos o perigo dos extremos e seguirmos esse caminho —, ainda cabe uma última ressalva. Até mesmo esse perfil mais equilibrado e dialogal pode mascarar um tom soberbo se passarmos a olhar para as outras formas de consumo (ou de ausência de consumo) como moral ou intelectualmente inferiores. Nossa consciência deve prezar pela humildade e ser orientada à santidade.

UMA CULTURA ANALISADA

Quando a expressão "crítico de arte" vem à mente, em qual estereótipo pensamos? É provável que imaginemos um indivíduo severo, carrancudo, pronto para apontar defeitos e julgar com rigor qualquer produção artística. No entanto, a análise crítica vai muito além dessa ideia simplista. Em alguma medida, todos nós somos críticos. A apreciação de qualquer forma de arte, seja um quadro, seja um filme, ou ainda um poema, é naturalmente acompanhada de julgamento pessoal e impressões subjetivas. Existem diferentes formas de avaliar a arte e eu o convido a conhecer pelo menos cinco delas.

O primeiro tipo é o que chamo de "analista de rótulos". É quem julga as obras sem nem saber quais assuntos são abordados. Por exemplo, há pessoas que decidem não assistir a um filme brasileiro porque acreditam que filmes nacionais são de baixa qualidade. Também é o caso de alguém que depara com um livro que tem mais de quinhentas páginas e, imediatamente, decide não ler, pois acredita que será demorado e cansativo. Preconceitos baseados em características superficiais prejudicam a experiência e comprometem a análise.

O segundo tipo, o "analista estético", é aquele que avalia a obra a partir de sua camada estética, ou seja, a forma que os elementos visuais, textuais, auditivos e cenográficos, entre outros, são apresentados e como contribuem para a experiência em geral. Em um filme, por exemplo, ele leva em consideração fatores como a direção de arte, a fotografia, os efeitos especiais, a trilha sonora e outros aspectos técnicos que influenciam a atmosfera e a estética da produção. Ele entende que a estética é fundamental para a narrativa, para a construção de mundo e para a conexão emocional com o público. Isso fica claro no exemplo cinematográfico, mas também vale para outras expressões da cultura pop. Por exemplo, a qualidade estética da escrita do poeta português Fernando Pessoa ou a beleza das ilustrações do artista norte-americano Alex Ross seriam prontamente identificadas.

Já o "analista de composição" é aquele que se concentra em examinar os elementos técnicos e narrativos que compõem a obra, buscando entender como se encaixam e interagem para criar uma experiência significativa. Em um filme, esse tipo de análise considera aspectos como roteiro, estrutura narrativa, edição e outros elementos que moldam a construção geral da obra. No caso de artes visuais (pinturas, esculturas, fotografias etc.), esse analista avalia de que maneira formas, cores, linhas e texturas se organizam na obra. Em uma poesia, valem a apreciação e a valorização da estrutura e da métrica.

O "analista de mensagens" é aquele que se concentra na interpretação e na compreensão da mensagem central transmitida pela obra. Esse tipo de análise vai além dos aspectos técnicos e estéticos, invadindo o campo semântico e as ideias exploradas pelo autor ou artista. Sua análise se concentra nos temas e conceitos abordados,

ONDE ESTÁ DEUS NA CULTURA POP?

na interpretação da simbologia e das metáforas, na investigação das fontes de inspiração do autor e de seu contexto pessoal, histórico e cultural.

O quinto tipo é o "analista reflexivo". Ele se concentra em suas próprias experiências e reage de forma subjetiva à obra. Ele busca compreender de que forma a obra afeta suas emoções, dialoga com suas crenças e desperta suas perspectivas. Ele estabelece conexões pessoais com a obra e reflete sobre o impacto que exerce em sua própria vida ou de que forma muda sua visão de mundo. O analista reflexivo identifica-se com os personagens, temas e circunstâncias apresentados, enquanto busca lições e aprendizados. Essa abordagem possibilita uma apreciação mais profunda da obra, revelando aspectos que, em uma análise superficial, passam despercebidos.

Essas diferentes abordagens de análise nos lembram que a apreciação da arte é multifacetada e enriquecedora. Cada perspectiva oferece uma contribuição valiosa para a compreensão e a interpretação da criação artística, e a combinação desses olhares diversos nos convida a apreciar a arte mais profundamente.

Você se considera uma pessoa crítica? Se sim, de que tipo?

● CAPÍTULO 4

A Bíblia e a cultura

Como já discutimos, a cultura pop é um reflexo vivo da sociedade, mas não se limita a ser um espelho passivo. Trata-se de um poderoso meio de comunicação que transmite vieses e mensagens subliminares por intermédio de suas obras. Perceba que a palavra "subliminar" ficou muito desgastada no meio cristão após alguns teóricos da conspiração a utilizarem para denunciar supostas agendas ocultas em diversas mídias e expressões culturais. "Subliminar" significa, literalmente, "abaixo do limiar" ou "aquilo que está abaixo do nível de percepção consciente". No mundo do cinema, o termo está associado a elementos sutis, utilizados por roteiristas e diretores para transmitir significados adicionais ou acrescentar camadas de profundidade à história ou aos personagens. Quando analisamos de perto filmes, músicas, séries e demais formas de expressão cultural, podemos identificar influências culturais, políticas e sociais que moldam e são moldadas por essa cultura popular.

Ao longo dos anos, inúmeras produções culturais têm explorado temas religiosos e espirituais, muitas vezes com mensagens ora convergentes, ora divergentes à cosmovisão cristã. No diálogo entre arte e fé, precisamos estar abertos à reflexão, permitindo que as provocações apresentadas

> **No diálogo entre arte e fé, precisamos estar abertos à reflexão, permitindo que as provocações apresentadas desafiem e enriqueçam nossa vida.**

desafiem e enriqueçam nossa vida. A seguir, destacamos algumas dessas obras que, de alguma forma, estabelecem um diálogo com a Bíblia.

CINEMA

Jean-Louis Baudry, escritor francês especializado em teoria cinematográfica, compara o cinema a "uma versão moderna da caverna de Platão, em que os seres humanos olham para as sombras enquanto estão acorrentados pela ideologia".[1] Essa comparação sugere que o cinema tem o poder de influenciar e moldar a percepção e o pensamento das pessoas, assim como as sombras na caverna podem representar uma visão distorcida da realidade, sem que o espectador perceba por completo o impacto dessa influência. O norte-americano Dudley Andrew, teórico de cinema, complementa o raciocínio de Baudry dizendo que, "pelo fato de o público optar por entrar na caverna — de fato, eles pagam para fazê-lo —, os espectadores podem direcionar sua fascinação pela tela para um discurso sobre o que veem refletido ali: uma visão do mundo, um ponto de vista sobre como viver nele ou como mudá-lo".[2]

Entre os muitos temas explorados pelo cinema, encontramos filmes que abordam questões bíblicas, trazendo à tela narrativas inspiradas em passagens e ensinamentos das Escrituras sagradas. Essas obras cinematográficas não se limitam a oferecer uma visão positiva e edificante sobre temas religiosos; elas também exploram aspectos controvertidos, dilemas morais e a complexidade da natureza humana.

É importante ressaltar que a lista de filmes a seguir não constitui uma validação ou um endosso de suas mensagens ou representações. Qualquer obra tem o potencial de alienar seu público e produzir diferentes reações e interpretações nele. Não é diferente

---

[1] BAUDRY, Jean-Louis; WILLIAMS, Alan. "Ideological Effects of the Basic Cinematographic Apparatus". *Film Quarterly*, v. 28, n. 2, 1974, p. 39-47. Disponível em: https://doi.org/10.2307/1211632. Acesso em: 6 jul. 2023.

[2] ANDREW, Dudley. *What Cinema Is! Bazin's Quest and its Charge*. Nova Jersey: Blackwell, 2010. p. 69.

A BÍBLIA E A CULTURA

quando a temática de um filme é bíblica. É necessário analisar, de forma crítica, as narrativas apresentadas, considerar as implicações éticas e teológicas e formar sua própria opinião sobre cada obra.

A franquia Matrix

Em 1999, o mundo do cinema testemunhou o lançamento de um filme que se tornaria um marco cultural e filosófico: *Matrix*. A direção das irmãs Wachowski não apenas apresentou efeitos visuais inovadores, mas também ofereceu uma narrativa repleta de simbolismos e alusões filosóficas, incluindo elementos que dialogam com temas bíblicos. A história acompanha Neo, cujo nome sugere a possibilidade de renovação espiritual e a busca da verdade e da redenção. A temática do escolhido profetizado, e de sua morte e ressurreição, encontra paralelos com a jornada de Jesus na face da terra.

A ideia do "tipo de Cristo" é a abordagem teológica de certos personagens, eventos ou símbolos do Antigo Testamento como antecipações ou sombras do próprio Jesus Cristo e de sua missão redentora, relatados no Novo Testamento. Em *Matrix*, Neo desempenha claramente um papel messiânico, representando uma figura que compartilha muitos paralelos com a tradicional noção de Jesus como o Salvador.

Wall-E

Wall-E (Andrew Stanton, 2008) é um filme sensacional, com muitas camadas a serem observadas e lições a serem aprendidas. O filme é bem animado, e a trilha sonora cria um ambiente ao mesmo tempo vintage e futurista. Os tons pastéis presentes na Terra destruída trazem um ar de desesperança para as cenas. O filme é uma crítica à sociedade de consumo explicitada na corporação Buy n Large. Com o planeta inabitável, a elite foi embora da Terra, deixando os que não puderam embarcar na nave à mercê da morte, que ocorreu *off-screen*. Toda a evolução tecnocientífica levou a uma involução relacional. As pessoas, ensimesmadas, não se olhavam

ONDE ESTÁ DEUS NA CULTURA POP?

mais nos olhos. O *touch* substituiu o toque. É curioso constatar que quem tenta resgatar a humanidade das pessoas são os robôs humanoides, ao passo que os humanos de verdade se tornaram robóticos com suas cadeiras. As cadeiras, aliás, remetem a tronos, e aqui começa a análise teológica do filme. Todos os humanos se tornaram deuses. Tudo ao redor deles trabalhava para sua satisfação. É um universo politeísta e, como não dá para eliminar o deus vizinho, cada indivíduo ignora o próximo para continuar sendo o deus único de sua própria bolha, prosseguindo rumo ao vazio e à escuridão espacial.

MÚSICA

A música é incrível. Ela tem o poder de mexer com nossas emoções, inspirar nossos pensamentos, mudar nossa visão de mundo e nos conectar uns com os outros, independentemente da fé ou da origem cultural. Podemos encontrar inspiração e aprendizado mútuo por meio dessa conexão humana. Até mesmo aquelas que não foram compostas por cristãos podem ter mensagens e temas que têm tudo a ver com o evangelho.

Imagine

"Imagine all the people living life in peace" (Imagine todas as pessoas vivendo em paz). Esse é o chamado de John Lennon, enquanto toca seu piano e olha para a câmera por trás de seus óculos arredondados. Lennon compôs "Imagine" em 1971, enquanto fazia sua carreira solo. A canção foi considerada a terceira melhor música de todos os tempos pela revista *Rolling Stone*. Lennon disse, em entrevista, que a canção é quase um manifesto comunista. Um mundo sem religião, sem fronteiras, sem países, sem guerras.

É interessante notar que Lennon mirou na utopia comunista e acertou na escatologia cristã. A ideia de um mundo perfeito e que transborda unidade, paz e harmonia entre todas as pessoas se aproxima muito da imagem da Nova Jerusalém, um lugar de perfeição e comunhão.

A BÍBLIA E A CULTURA

I Still Haven't Found What I'm Looking For

A canção "I Still Haven't Found What I'm Looking For" (Ainda não encontrei o que estou procurando), lançada em 1987, faz parte do álbum *The Joshua Tree*, da banda U2. A música é, sem dúvida, uma expressão de busca espiritual. Na voz de Bono Vox, o eu lírico canta sobre sua busca por algo que transcenda sua experiência humana. A letra expressa essa busca em trechos como "I have climbed the highest mountains, I have run through the fields only to be with you" (Eu escalei as montanhas mais altas, eu corri pelos campos apenas para estar com você).

Essa canção pode ser interpretada como uma reflexão sobre a natureza da fé, sugerindo que, mesmo tendo experimentado muitas coisas na vida, ainda existe algo maior e mais profundo que o ser humano busca encontrar. Essa música também pode ser vista como uma expressão de dúvida e incerteza, com o eu lírico questionando se ele realmente encontrou o que está procurando.

Na teologia cristã, os seres humanos também buscam algo que naturalmente lhes falta. A busca espiritual pode ser vista como um anseio profundo de voltar à presença de Deus, àquele estado de comunhão que foi perdido. Essa busca também pode ser compreendida como um anseio do coração humano por redenção e reconciliação com Deus. A mensagem central do cristianismo é que, por intermédio de Jesus Cristo, é possível restaurar essa relação perdida e encontrar satisfação verdadeira e propósito espiritual.

> **A busca espiritual pode ser vista como um anseio profundo de voltar à presença de Deus, àquele estado de comunhão que foi perdido. Essa busca também pode ser compreendida como um anseio do coração humano por redenção e reconciliação com Deus.**

ONDE ESTÁ DEUS NA CULTURA POP?

LITERATURA

A literatura tem a capacidade de nos emocionar e nos transportar para mundos imaginários. Assim como a música, a arte literária transmite mensagens universais, apesar das convicções de seus autores. Ela também desempenha papel essencial na preservação da história e da cultura de sociedades passadas. A tradição judaico--cristã perdura até os dias de hoje, em grande parte, por causa dos registros preservados ao longo dos séculos.

Algumas obras clássicas da literatura abordam temas comuns à teologia, explorando questões sobre a natureza humana, a existência de Deus, a moralidade, a fé, o destino e o propósito da vida. Essas obras, muitas vezes, causam profundo impacto na forma de as pessoas perceberem e compreenderem esses temas, independentemente de suas crenças religiosas.

Crime e castigo

Crime e castigo é um clássico da literatura mundial, criado pelo russo Fiódor Dostoiévski em 1866. O romance conta a história do estudante Raskólnikov, que comete assassinato por motivo torpe e passa a questionar a moralidade desse ato. Uma crise profunda habita a mente do protagonista, que se vê atormentado pela culpa e pela paranoia. Raskólnikov enfrenta um dilema moral: assumir a responsabilidade de seu ato ou justificar-se com base em sua suposta superioridade intelectual.

Esse romance de Dostoiévski dialoga com o conceito nietzschiano de *Übermensch* (além-homem), que questiona a moralidade tradicional, a religião institucionalizada e a metafísica. Raskólnikov tenta ser esse além-homem, mas falha por completo, pois sua consciência o acusa incessantemente. Nietzsche, aliás, não nutria muitos amores pelo cristianismo. Em suas obras, ele responsabilizava a religião cristã por enfraquecer o indivíduo e negar a vida terrena em favor de uma recompensa após a morte. Os conceitos de igualdade e busca pelo amor desinteressado ao próximo, fundamentais no cristianismo, levariam ao enfraquecimento dos indivíduos.

A BÍBLIA E A CULTURA

O cristianismo pode ser visto como um contraponto à filosofia do *Übermensch* nietzschiano, ao enfatizar a humildade, a compaixão e a busca pelo amor ao próximo em vez do desejo pelo poder. Com Jesus em cena, o protagonista Raskólnikov encontra um caminho de redenção e cura, permitindo-lhe, assim, assumir a responsabilidade por seu crime e buscar a transformação interior.

Deuses americanos

O livro *Deuses americanos*, de Neil Gaiman, publicado em 2001, desafia abertamente a religião ao explorar a coexistência de deuses antigos e novos no mundo moderno. A premissa é que a adoração humana tem o poder de dar vida aos deuses, fornecendo-lhes a energia necessária para realizar seus feitos. Gaiman propõe que os deuses são, em última análise, reflexo da cultura e das crenças humanas. Eles se manifestam de acordo com as necessidades e os desejos das pessoas, e são criados e sustentados pela fé e a devoção humanas. Assim, a narrativa explora a ideia de que cada grupo cria seu próprio deus de acordo com sua conveniência, mostrando que a crença e a adoração moldam e dão vida às divindades.

O protagonista, Shadow, representa a humanidade em busca de um novo significado espiritual e de uma conexão direta com o divino, sem a necessidade de cumprir rituais ou seguir dogmas. Shadow é, literalmente, uma sombra daquilo que Jesus fez em sua missão. Na tradição cristã, Jesus é a superação da religião formal. O Antigo Testamento, com seus rituais, sacrifícios e cerimônias, apontava para um redentor que traria a salvação e estabeleceria um novo pacto entre Deus e a humanidade. Quando Jesus veio ao mundo e cumpriu as profecias messiânicas, sua vida, morte e ressurreição foram o ápice da história da salvação e a concretização de tudo o que a religião formal simbolizava.

● CAPÍTULO 5

A cultura e a Bíblia

A Bíblia é uma obra literária que abrange uma ampla variedade de relatos. Explorar os gêneros literários presentes na Bíblia não apenas nos permite apreciar a complexidade e a profundidade dessas histórias, mas também oferece a oportunidade única de compreender sua universalidade e sua relevância tanto para nossa leitura devocional como para a retransmissão de sua mensagem original. Influenciado por Billy Graham, afirmo que a Bíblia é mais atual que o jornal de amanhã. Suas histórias transcendem o tempo sem jamais perder a relevância.

A Bíblia apresenta elementos típicos dos gêneros épico, drama, aventura, romance, tragédia e até mesmo horror/sobrenatural, oferecendo uma gama de experiências emocionais e reflexões temáticas.

Pedindo perdão pelo anacronismo, ouso sugerir que é possível ler essas narrativas à luz dos diferentes gêneros de cinema modernos. A Bíblia apresenta elementos típicos dos gêneros épico, drama, aventura, romance, tragédia e até mesmo horror/sobrenatural, oferecendo uma gama de experiências emocionais e reflexões temáticas. A seguir, faremos um exercício de correlação entre a Bíblia e o cinema. Convido você para fazer uma viagem cinematográfica pelas narrativas bíblicas.

A CULTURA E A BÍBLIA

ÉPICO

O gênero épico é caracterizado por narrativas heroicas. Ele nos fascina com cenas e feitos protagonizados por um herói (ou uma heroína) que parte para uma jornada repleta de desafios. *Ben-Hur* (William Wyler, 1959), *Gladiador* (Ridley Scott, 2000), a trilogia *O Senhor dos Anéis* (Peter Jackson, 2001-2003) e *300* (Zack Snyder, 2007) são alguns bons exemplos de filmes épicos. Nas páginas da Bíblia, descobrimos narrativas que compartilham as mesmas características imponentes desse gênero.

O êxodo do Egito

Os relatos do livro de Êxodo podem ser lidos como uma narrativa épica, por causa dos eventos monumentais e emocionantes ali descritos. A história conta como o povo de Israel, liderado por Moisés, foi liberto da escravidão no Egito. Por meio de uma série de acontecimentos extraordinários, como as Dez Pragas, a travessia do mar Vermelho e a entrega das tábuas da Lei, o livro de Êxodo transmite um senso de grandiosidade e heroísmo coletivo. Moisés é retratado como um líder determinado, em um compromisso inabalável com a missão de libertar seu povo.

Davi e Golias

O confronto entre o jovem pastor Davi e o gigante guerreiro Golias, registrado em 1Samuel 17, é uma das narrativas épicas mais famosas na Bíblia. Nesse relato, somos apresentados à determinação, à habilidade e à fé inabalável de Davi. O filho de Jessé derrota o gigante em uma batalha desigual. Essa história emblemática é um poderoso símbolo de heroísmo e triunfo diante de adversidades aparentemente insuperáveis, e atravessou gerações, inspirando a coragem e a fé em Deus.

COMÉDIA

A comédia é a celebração do riso. A alegria pela ironia do cotidiano, pelo satírico, pelo incrível ou por situações absurdas. Podemos citar filmes como *O grande ditador* (Charlie Chaplin, 1942),

Corra que a polícia vem aí (David Zucker, 1988) ou a saga de filmes do grupo de humor Monty Python.

Balaão e sua jumenta

A história de Balaão e sua jumenta, registrada em Números 22, pode ser interpretada como uma narrativa que contém elementos cômicos e humorísticos. A situação em si, em que uma jumenta fala com seu dono, é absurda e surpreende tanto quem a vivenciou como quem lê a história. Há um contraste engraçado entre a expectativa do leitor e a realidade retratada. Balaão discute com sua jumenta e perde na argumentação — quase a premissa de algum livro de Douglas Adams.

Jonas, o grande peixe e Nínive

O livro profético de Jonas relata a história de um profeta enviado por Deus para pregar em Nínive. Sua missão era advertir a cidade sobre sua maldade e o julgamento iminente que estava prestes a ocorrer. No entanto, Jonas foge de sua responsabilidade e embarca em um navio, buscando escapar de sua tarefa divina. Como consequência dessa fuga, ele é engolido por um grande peixe e, após três dias, é lançado novamente na praia.

Embora o livro de Jonas seja amplamente reconhecido como uma obra profética, vários estudiosos têm observado a presença de elementos cômicos nessa narrativa. A ironia, a paródia e a linguagem satírica são recursos literários empregados pelo autor para transmitir sua mensagem de forma mais incisiva. Stephen Cook, que se dedica à pesquisa de humor e sátira na Bíblia, destaca que "o livro de Jonas pode ser mais bem compreendido como um desafio satírico à teodiceia do exílio",[1] ou seja, uma crítica bem-humorada às concepções tradicionais sobre a justiça divina diante das adversidades enfrentadas pelo povo. A pesquisadora Virginia Ingram acrescenta que "é razoável assumir que, ao

---

[1] COOK, Stephen D. *"Who Knows?" Reading the Book of Jonah as a Satirical Challenge to Theodicy of the Exile*. 2019. 362 f. Tese (Doutorado em Filosofia) — Faculty of Arts and Social Sciences, The University of Sydney, Sidney, Austrália.

A CULTURA E A BÍBLIA

utilizar a sátira, o autor do livro de Jonas tinha intenção tanto política como teológica".[2] Essa afirmação sugere que o uso da sátira não se restringe a fins teológicos, mas também se estende à crítica social e política. Por meio da sátira, o autor questiona as ações dos habitantes de Nínive e as atitudes e crenças arraigadas do próprio povo de Deus.

AVENTURA

Aventura é um gênero que envolve um chamado para uma jornada. São narrativas em que os personagens enfrentam desafios para cumprir um objetivo específico. Contamos com os exemplos da franquia *Indiana Jones* (Steven Spielberg, 1981-2023), *Avatar* (James Cameron, 2009-2022) e *Os Goonies* (Richard Donner, 1985).

Noé e sua arca

A história de Noé tem como ponto central a construção de uma enorme embarcação para abrigar um par de cada espécie animal durante o Dilúvio, um evento cataclísmico que varreria a humanidade. Essa premissa é a base para uma narrativa repleta de desafios, perigos e emoção. Noé, como protagonista, assume o papel de um explorador destemido em busca de uma solução para a sobrevivência da vida na Terra. Assim como os filmes das franquias Indiana Jones, Piratas do Caribe e A Múmia cativaram o público com suas tramas repletas de ação, mistério e emoção, a história da arca de Noé combina aventura, tragédia e fé.

MUSICAL

Musical é um gênero que utiliza música e coreografia como os elementos fundamentais da construção narrativa. A performance audiovisual transcende os limites da linguagem verbal e

---

[2] INGRAM, V. "Satire and Cognitive Dissonance in the Book of Jonah, in the Light of Ellens' Laws of Psychological Hermeneutics". In: ELLENS, J. H. (org.). *Psychological Hermeneutics for Biblical Themes and Texts*: A Festschrift in Honor of Wayne G. Rollins. T&T Clark Biblical Studies. Londres/Nova York: T&T Clark, 2012. p. 140-55.

ONDE ESTÁ DEUS NA CULTURA POP?

se apoia na integração de múltiplas formas de expressão artística. *Cantando na chuva* (Gene Kelly e Stanley Donen, 1952), *Os miseráveis* (Tom Hooper, 2012) e *La La Land* (Damien Chazelle, 2016) são exemplos de musicais notáveis, cada qual com sua própria abordagem e seu estilo.

O Saltério

Por se tratar de uma coleção de poesias e hinos da tradição hebraica, os salmos podem ser lidos como um livro musical. Originalmente destinados ao canto e à recitação em adoração e louvor a Deus, os salmos têm uma estrutura poética específica e são acompanhados por instruções musicais, como notas ou palavras que apontam para o tipo de melodia ou o tipo de instrumento a ser usado.

Walter Brueggemann, em seu comentário do livro de Salmos, diz que muitos deles se encontram em forma de canções de ação de graças e hinos declarativos, contando a história de um momento decisivo, uma inversão, uma reversão da sorte, um resgate, uma libertação, uma salvação ou uma cura. Segundo ele, "o salmo hínico é uma articulação surpreendente e dinâmica de um movimento pessoal ou comunitário para um novo contexto que possibilita e melhora a vida, contexto em que o caminho e a vontade de Deus prevalecem de maneira notável. Esses hinos são uma alegre afirmação de que o governo de Deus é conhecido, visível e eficaz exatamente quando perdemos a esperança".[3]

Os salmistas expressaram uma série de emoções e experiências humanas, como louvor, adoração, gratidão, arrependimento, tristeza e alegria, despertando nos leitores uma dimensão emocional mais profunda. Assim como nos filmes musicais, a arte presente nos salmos é capaz de comunicar sentimentos de um modo que, algumas vezes, as palavras sozinhas não conseguem alcançar.

---

[3] BRUEGGEMANN, Walter. *The Message of the Psalms*: A Theological Commentary. Mineápolis: Augsburg Publishing House, 1984. p. 21.

A CULTURA E A BÍBLIA

A canção do mar

Conhecemos a história do Êxodo. A libertação do povo, as Dez Pragas, o mar Vermelho se abrindo e o povo passando com os pés enxutos. O capítulo 15 do livro de Êxodo reconta essa epopeia de forma musical: a canção do mar, entoada por Miriã. Brian Russell, professor de estudos bíblicos, diz que "o núcleo poético de Êxodo 15:1-21 foi incluído por causa de sua qualidade de testemunha antiga do período de formação de Israel e das ações reveladoras de Deus".[4] A canção não é um mero adendo à história que acabou de ser descrita nos capítulos 1—14, mas um testemunho do que se vivenciou naqueles momentos.

Nessa melodia de exaltação, os corações dos israelitas transbordam de alegria, reconhecendo a mão divina que os conduziu à liberdade. De certa forma, essa é a importância e o papel do cântico do Mar na primeira metade da narrativa do Êxodo.

SUSPENSE

O suspense cria uma atmosfera de tensão. É comum a presença de reviravoltas, que surpreendem e mudam o rumo da história de maneira inesperada. Esse gênero mantém os espectadores em expectativa e, se bem construído, gera interesse genuíno no público, além de uma forte sensação de imersão. Como exemplos, pense em *Se7en* (1995) ou *Zodíaco* (2007), ambos dirigidos por David Fincher.

O caso de Josué e Acã

No capítulo 7 do livro de Josué, lemos uma história curiosa que se aproxima do gênero de suspense. Após a vitória em Jericó, Josué envia um pequeno grupo para conquistar a cidade de Ai. No entanto, o grupo é derrotado, deixando Josué perplexo. A trama se desenvolve à medida que Josué investiga o motivo da derrota e descobre

---

[4] RUSSELL, Brian D. *The Song of the Sea*: The Date of Composition and Influence of Exodus 15:1-21. Nova York: Peter Lang, 2007. p. 47.

ONDE ESTÁ DEUS NA CULTURA POP?

que Acã, do povo de Israel, havia desobedecido à proibição divina de recolher despojos em Jericó. A narrativa se aprofunda com a revelação de que o pecado de Acã afetou toda a comunidade, trazendo a ira de Deus sobre eles.

Embora Josué não tivesse à sua disposição os recursos tecnológicos e os métodos forenses modernos, aplicou uma metodologia semelhante na investigação para descobrir o motivo da derrota de Israel para Ai:

1. **Investigação:** Josué começa sua investigação coletando informações sobre o que aconteceu em Ai. Ele busca compreender os eventos, conversando com as pessoas envolvidas e recolhendo relatos de testemunhas. No caso de Acã, Josué realiza um processo de eliminação para identificar o responsável pela desobediência.

2. **Interrogatório:** Josué realiza interrogatórios para obter mais detalhes sobre o ocorrido. Ele procura pistas e tenta desvendar a verdade.

3. **Dedução:** Josué analisa as informações coletadas, observa as circunstâncias e estabelece conexões para chegar a uma conclusão.

4. **Identificação do culpado:** Após reunir todas as informações, Josué identifica Acã como o responsável pela desobediência, pois ele se apropriou dos despojos proibidos em Jericó.

O assassinato de Urias

Davi engravida Bate-Seba, esposa de Urias, e comete um crime ao ordenar que o marido dela seja colocado na linha de frente da batalha, a fim de garantir a morte desse homem e, assim, encobrir o adultério praticado. Após o assassinato de Urias, a verdade é revelada gradualmente. O profeta Natã confronta Davi com uma história fictícia que, em um clímax ao estilo de Alfred Hitchcock ou de M. Night Shyamalan, leva o rei a perceber que suas ações foram descobertas. A história de Davi e Urias aborda não apenas as consequências legais do crime, mas também as implicações morais e espirituais das ações de Davi.

A CULTURA E A BÍBLIA

TERROR

Quando a atmosfera se torna assustadora, e algum elemento sobrenatural causa medo e produz cenas horripilantes, você pode ter certeza de que o gênero cinematográfico é terror. *O exorcista* (William Friedkin, 1973), *A hora do pesadelo* (Wes Craven, 1984), *A invocação do mal* (James Wan, 2013) e *A bruxa* (Robert Eggers, 2015) são alguns exemplos de filmes que marcaram época e assustaram muitos espectadores.

As pragas do Egito

Embora as pragas do Egito sejam, tradicionalmente, interpretadas como eventos divinos de libertação, podemos enxergá-las como uma narrativa que contém elementos semelhantes aos filmes modernos de terror. A atmosfera sinistra, a escalada do suspense, os elementos sobrenaturais, o impacto psicológico e a revelação das consequências apontam para uma similaridade com esse gênero.

O Egito é mergulhado em uma sequência de eventos sombrios e perturbadores, criando a crescente sensação de opressão e medo. As pragas do Egito envolvem elementos sobrenaturais que surpreendem e assustam o povo acometido por eles. Rãs invadem casas e ruas, água é transformada em sangue, enxames de insetos surgem do nada. Deus envia trevas tão densas que podem ser tocadas e, durante três dias, a terra egípcia ficou envolta em escuridão absoluta, trazendo uma sensação de opressão e medo. Finalmente, a última praga acrescenta um elemento crucial à leitura dos flagelos, como uma narrativa de terror. Mortes em massa acontecem, e os lares são invadidos por lamento e perda, evocando uma atmosfera de terror psicológico e emocional.

Esses eventos têm um profundo impacto psicológico sobre os personagens e o público. O medo, a ansiedade e a sensação de impotência permeiam a narrativa. Os egípcios são afligidos por pragas que ameaçam sua segurança, seu sustento e sua identidade como uma nação poderosa. O que foi sentido por eles pode ser associado ao medo vivenciado pelos personagens de filmes como *O nevoeiro* (Frank Darabont, 2007), *Fim dos tempos* (M. Night Shyamalan, 2008) e *Uma noite de crime* (James DeMonaco, 2013).

● CAPÍTULO 6

Algumas questões honestas

Após todas essas considerações, uma questão se mantém: O cristão pode consumir livremente os produtos da cultura pop? A realidade é que perguntas iniciadas com a palavra "posso" tendem a simplificar o caminho, além de pressupor falta de autocrítica em relação a si mesmo, ao mundo e à cultura à sua volta. O discernimento do tipo de conteúdo a ser consumido pressupõe uma

Perguntas iniciadas com a palavra "posso" tendem a simplificar o caminho, além de pressupor falta de autocrítica em relação a si mesmo, ao mundo e à cultura à sua volta.

consciência pessoal que permita avaliar, de forma crítica, o conteúdo da cultura pop à luz dos princípios bíblicos. Proponho responder a essa questão por meio de outras perguntas cruciais:

- O conteúdo apresenta elementos que possam me levar a pecar?
- O conteúdo é adequado à minha idade e à minha maturidade espiritual?
- O conteúdo pode ser empregado como uma ferramenta para reflexão e crescimento espiritual?

Se a resposta for afirmativa a qualquer uma das duas primeiras perguntas, não há motivo para continuar consumindo o conteúdo

67

em questão. Contudo, se a resposta for negativa à terceira pergunta, surge uma quarta indagação: Qual é a motivação por trás do nosso envolvimento com algo que não tem o propósito de elevação pessoal? É essencial destacar que essa linha de raciocínio pode ser aplicada a diversos aspectos da vida, não se limitando apenas à cultura pop. A busca por discernimento e propósito é fundamental em todas as esferas da vida.

QUANDO O OLHO ME FAZ PECAR

Lembro-me de quando terminei de assistir à última temporada de *Breaking Bad*. Eu tive a certeza de que aquela imersão no submundo do crime me fez mal. Eu estava enojado, irado e, ainda assim, admirado com o produto que Vince Gilligan havia entregado naqueles episódios. Naquela mesma noite, tive uma discussão com minha esposa por um motivo banal e senti uma ira incomum, a qual me levou a uma rispidez também incomum. Senti que o clima de Albuquerque estava influenciando, de alguma forma, meu comportamento em casa, com minha família.

Não estou dizendo que não se deve assistir a *O Poderoso Chefão*, *Os Bons Companheiros*, *O Irlandês*, *Família Soprano* ou outros filmes e séries que bebem na temática do crime organizado. Todas as obras citadas são de uma qualidade absurda e dignas das premiações que receberam. É de suma importância, porém, lembrar que o impacto do conteúdo da cultura pop varia de pessoa para pessoa. Por isso, relatei meu caso em primeira pessoa. Não é porque essa experiência negativa aconteceu comigo que devo contraindicar a série. Alguns podem assistir a essas produções e apreciar a qualidade artística sem que isso afete negativamente sua vida cotidiana ou seus relacionamentos. Outros, no entanto, podem ser mais sensíveis aos temas abordados e, por isso, experimentar influências indesejáveis em seu comportamento ou em sua perspectiva de vida. O discernimento pessoal desempenha papel fundamental quando decidimos o que devemos ou não consumir, e como isso pode afetar nossa própria vida espiritual. É uma questão de autoconhecimento e honestidade consigo mesmo.

Se você sentiu que a imersão em determinado tema representado nessas produções causou impacto negativo em sua vida pessoal e em seus relacionamentos, é realmente uma atitude radical limitar seu consumo desse tipo de conteúdo? É fundamentalismo ou sabedoria recomendar que você se mantenha longe daquilo que lhe faz mal e o afasta de Deus? Essa é uma escolha pessoal que visa proteger seu bem-estar emocional e espiritual. Busque o discernimento e ouça sua própria consciência ao fazer escolhas de consumo de mídia, tendo em mente seus valores e a qualidade de seu relacionamento com Deus.

UMA PALAVRA EM ESPECIAL SOBRE SEXUALIZAÇÃO[1]

Com o passar dos tempos, o conteúdo sexual explícito tem se tornado cada vez mais comum nas telas. A retratação de forma realista e excessivamente sexual pode despertar desejos impuros, alimentar fantasias e levar à imoralidade sexual.

Em 2014, o pastor batista norte-americano John Piper listou doze motivos para que os cristãos não assistissem à série *Game of Thrones*, entre eles, o excesso de nudez e a representação praticamente explícita das relações sexuais.[2] Segundo ele, "é uma caricatura absoluta da cruz tratá-la como se Jesus tivesse morrido apenas para nos perdoar pelo pecado de assistir à nudez, e não para nos purificar pelo poder de não assistir a ela".

A sexualidade é parte da identidade humana, refletindo a imagem de Deus em nós. Trata-se de um aspecto sagrado da vida humana que deve ser honrado e protegido. Na tradição cristã, a intimidade sexual está reservada ao contexto do casamento entre um homem e uma mulher. Qualquer expressão sexual fora desse

---

[1] Se você quiser se aprofundar nessa temática, sugiro a leitura de *O que Deus tem a ver com sexo?*, de David Riker, que faz parte da Coleção Teologia para todos.

[2] PIPER, John. Should Christians Watch Game of Thrones? *Desiring God*. Disponível em: https://www.desiringgod.org/interviews/should-christians-watch-game-of-thrones. Acesso em: 5 jul. 2023.

contexto é considerada pecaminosa. Ao consumir conteúdos que apresentam explicitamente a sexualidade, corremos o risco de comprometer nossa compreensão e a vivência da sexualidade de acordo com a vontade de Deus. A exposição a representações distorcidas e desumanizadoras da intimidade sexual podem minar nossa visão da sexualidade como um dom sagrado e nos conduzir a uma mentalidade egoísta e imoral.

A exposição indiscriminada da nudez priva maridos e esposas da alegria de reservar a dimensão visual da intimidade física exclusivamente de um para o outro. Além disso, pode comprometer a pureza do corpo e da mente. É essencial considerar o impacto que os conteúdos sexualmente explícitos da cultura pop podem ter em nossa compreensão teológica da sexualidade e na vivência prática de nossa fé.

Desse modo, devemos concluir que todo nudismo deve ser evitado? Nas palavras de Nelson Rodrigues, toda nudez será castigada? A resposta não é assim tão simples. A nudez em si não é intrinsecamente imoral ou pecaminosa. As pinturas e esculturas são exemplos clássicos em que a nudez é representada sem apelo sexual ou pornográfico. Obras como *O nascimento de Vênus*, de Sandro Botticelli, ou *O Banho Turco*, de Jean-Auguste-Dominique Ingres, apresentam figuras nuas em um contexto artístico, destacando a beleza e a forma do corpo humano. A icônica escultura renascentista *Davi*, de Michelangelo, representa uma figura masculina completamente nua, exibindo um equilíbrio harmonioso entre beleza e vigor.

Em outras situações cotidianas, a nudez também aparece desprovida de caráter erótico, como em consultórios médicos ou exames hospitalares, em livros técnicos sobre anatomia, durante a aleitamento materno, em praias de nudismo, saunas ou comunidades indígenas em que não há o costume de usar roupas.

A própria Bíblia, como peça literária, aborda a nudez e a relação sexual em diversos contextos. Já na página 1 do primeiro livro da Torá, há nudez masculina e nudez feminina explícitas, pois Deus criou Adão e Eva e não os vestiu até eles se darem conta de que estavam nus. Ainda no primeiro capítulo de Gênesis, há a ordem

ALGUMAS QUESTÕES HONESTAS

divina: "Sejam férteis e multipliquem-se" (v. 28). A forma pela qual os seres humanos fariam isso seria por meio da relação sexual. Adão e Eva praticam o sexo e concebem Caim, Abel, Sete e outros filhos e filhas. Há relação sexual incestuosa entre Ló e suas filhas, além de uma tentativa de estuprar anjos na cidade de Sodoma, mais adiante. E ainda estamos no primeiro livro da Bíblia. Existem outras narrativas envolvendo relações sexuais.

Em Cântico dos Cânticos, encontramos uma descrição poética da beleza física dos amantes, bem como expressões de desejo e paixão e insinuação sexual. A linguagem empregada é intensa e cheia de imagens vívidas, explorando a natureza do amor e da atração física. Em algumas partes da literatura profética, encontramos metáforas e imagens que recorrem à linguagem sexual de forma simbólica para descrever a relação entre Deus e seu povo. Essas metáforas podem retratar a aliança entre Deus e Israel em termos de casamento ou relação íntima, utilizando uma linguagem que evoca elementos de sexualidade para representar a profundidade do relacionamento espiritual. O profeta Ezequiel usa uma linguagem sexual extremamente detalhada para falar da quebra da aliança por parte do povo hebreu (Ezequiel 23).

Será que os cristãos seriam desencorajados a assistir a uma hipotética adaptação *ipsis litteris* do texto bíblico para uma mídia audiovisual?

Talvez a resposta tenha mais a ver com o propósito dos criadores de determinada obra. Por exemplo, o filme *O quarto de Jack* (Lenny Abrahamson, 2015), inspirado em uma história verdadeira, narra parte da vida de Joy, interpretada por Brie Larson, uma mulher sequestrada e mantida em cativeiro por muitos anos, sendo abusada sexualmente pelo sequestrador e, por consequência, concebendo um filho, Jack, interpretado por Jacob Tremblay. Ao abordar a relação sexual como parte fundamental da narrativa, o filme retrata os traumas e a violência que Joy enfrenta durante os anos vividos no cativeiro. A representação dessas cenas é feita com sensibilidade, enfatizando os impactos emocionais e psicológicos que a personagem sofre como resultado desses abusos. A nudez apresentada não tem a intenção de despertar desejo pelo corpo da personagem, mas, sim, apontar para o estado de vulnerabilidade em que ela se encontra.

Já o mesmo não pode ser dito de um segundo exemplo: o longa-metragem *Ninfomaníaca* (2013). Dirigido pelo polêmico Lars Von Trier, o filme dedica a maior parte de suas longas quatro horas de duração ao registro de cenas sexuais explícitas entre a protagonista e uma miríade de parceiros sexuais, em sequências que se confundem com autêntica pornografia.

Levando tudo isso em consideração, é razoável afirmar que a nudez não é necessariamente problemática, contanto que haja seriedade e tato ao lidar com algo tão íntimo, veiculado de forma escrita ou audiovisual. Infelizmente, temos observado um movimento preocupante na mídia, em que a nudez (tanto masculina como feminina) é superexplorada nas telas. A exposição constante e as representações eróticas podem distorcer a percepção da sexualidade, promover padrões irreais de beleza e afetar negativamente a autoestima e o bem-estar psicológico dos espectadores.

Em artigo publicado na revista *Psicologia: Teoria e Pesquisa*, alguns pesquisadores brasileiros apontam para a influência da mídia na distorção da autopercepção corporal:

> Esse conflito entre o corpo real e ideal, imposto pela mídia, estimula a busca de soluções, pelas mulheres, como dietas e cirurgias plásticas, muitas vezes prejudiciais à saúde física e mental. Observa-se, assim, a multiplicação de casos de distorção da imagem corporal, que resultam em distúrbios alimentares como anorexia e bulimia.[3]

É necessário levar em consideração os efeitos potenciais dessas representações e ter cautela, evitando o consumo da exploração gratuita do corpo humano. A prudência deve ser a baliza quando um artista escolhe usar o corpo humano no como representação de uma mensagem.

---

[3] SECCHI, K.; CAMARGO, B. V.; BERTOLDO, R. B. "Percepção da imagem corporal e representações sociais do corpo". *Psicologia: Teoria e Pesquisa*, v. 25, n. 2, 2009, p. 211-18.

ALGUMAS QUESTÕES HONESTAS

A investigação sobre a viabilidade e a prudência de se consumirem determinadas obras também passa pela intenção de seus espectadores. Boa parte da audiência que assistiu ao filme *Instinto selvagem* (1992) não estava realmente atrás da temática do suspense psicológico que o diretor Paul Verhoeven imprimiu em sua obra, tampouco queria se envolver em debates sobre a dualidade humana e os meios de manipulação e controle. É possível que parte significativa do público tenha se interessado principalmente pelas cenas de conteúdo sexual do longa.

Obviamente, essa imersão também pode ocorrer na literatura. Um bom exemplo é o da série de livros *Cinquenta tons de cinza*, escrita pela autora britânica E. L. James. A coletânea ganhou popularidade mundial ao retratar o relacionamento erótico e as práticas sadomasoquistas dos personagens principais. Por meio de descrições detalhadas e explícitas das cenas sexuais, a narrativa envolve os leitores em temas de desejo e intimidade, em um jogo intrincado de poder e submissão. É interessante notar que não há imagens no livro. Apenas as descrições textuais foram suficientes para criar uma atmosfera sensual e estimular a imaginação do leitor.

A capacidade da literatura de descrever emoções, pensamentos e sensações internas dos personagens dá abertura para uma conexão mais profunda e íntima com a história, possibilitando que o leitor se envolva de forma pessoal com a narrativa. Contudo, é possível notar uma diferença entre a mídia literária e a mídia audiovisual em relação à forma de abordar questões sexuais e ao impacto gerado na audiência e nas demais partes envolvidas. A mídia impressa, em particular a literária, com contos, romances e poemas, tem as palavras à sua disposição. No caso de histórias gráficas, como quadrinhos, mangás e *manhwas*, há imagens estáticas acompanhadas de balões de texto que transmitem as informações. Nesses casos, a sexualidade e a representação da nudez humana tendem a depender da forma que são descritas ou ilustradas, e é necessário que a imaginação do leitor complete, por si só, os eventos registrados. Por outro lado, a mídia audiovisual, com filmes, programas de televisão e vídeos on-line, se vale da dimensão temporal e de recursos dinâmicos, como imagens em movimento, além do áudio e da atuação do elenco. Desse modo, fica evidente que, na mídia audiovisual, a representação do sexo e da nudez é mais explícita e gráfica, envolvendo não apenas a descrição do roteiro, mas também a atuação de atores que se despem e simulam relações sexuais. Para aprofundar mais o debate, é necessário falar sobre *mimesis*.

A *mimesis* é um conceito de extrema importância e relevância na literatura, na arte e na filosofia. Refere-se à técnica artística de imitar ou representar uma realidade, buscando a criação de uma obra que se aproxime da verdade. No teatro, a *mimesis* refere-se à capacidade de imitar ou reproduzir a realidade por meio da atuação dos atores. Os atores utilizam seu corpo, sua voz e os gestos para criar personagens e contar histórias, buscando envolver emocional e intelectualmente o público. Quando se trata da dramatização de relações sexuais, o poder da *mimesis* é especialmente relevante. O ato de se despir e simular relações sexuais em frente à audiência pode gerar uma sensação de proximidade e realismo, amplificando, assim, a intensidade da experiência. Esse é um espaço no qual as fronteiras entre realidade e ficção são borradas. A habilidade dos atores em transmitir uma sensação de realismo por meio de suas performances torna-se um elemento essencial para o impacto dessas representações em cena.

Uma vez que as obras de mídia audiovisual que retratam explicitamente atos sexuais expõem publicamente o que deveria ser restrito à esfera íntima do matrimônio, é fundamental que pessoas sensíveis tenham consciência de seus desafios e tomem medidas para evitar gatilhos que levem a comportamentos indesejados. Uma solução para os que não querem romper inteiramente com as obras que contêm cenas dessa natureza: as plataformas de *streaming* oferecem a funcionalidade de pular de cenas por meio do controle remoto, permitindo, assim, que os espectadores tenham mais controle sobre aquilo a que assistem, especialmente em relação a conteúdos inadequados ou desconfortáveis. Nas palavras de Wittgenstein, "é difícil conhecer algo e agir como se não conhecesse".[4] O filósofo referia-se a ideias, mas isso vale também para o corpo desnudo ou até mesmo para as glorificações da violência vistas em filmes *gore*.[5]

QUANDO TUDO É LÍCITO, MAS NEM TUDO CONVÉM

É bastante improvável que, quando o apóstolo Paulo escreveu "'Tudo me é permitido', mas nem tudo convém" (1Coríntios 6:12; 10:23), estivesse pensando se os cristãos de Corinto assistiriam a *One Piece* ou se ouviriam algum álbum da Taylor Swift. Ainda assim, a essência do ensinamento paulino pode ser aplicada à nossa reflexão sobre o uso da arte como ferramenta para avaliar nossa maturidade espiritual. Em seu contexto original, o texto paulino abordava questões específicas enfrentadas pela igreja de Corinto e que envolviam imoralidade sexual e consumo de alimentos oferecidos a ídolos. O chamado à maturidade requer o exercício de discernimento em todas as áreas da vida, incluindo as escolhas culturais. O bispo anglicano Thiselton enfatiza: "Essa seção [da Bíblia] demonstra, mais uma vez, a indissociabilidade entre identidade cristã e estilo de vida cristão, ou entre teologia e ética".[6]

Craig Keener, professor de Novo Testamento, em seu comentário às cartas de Paulo aos coríntios, fala sobre o costume de se justificar pela licitude ou a lucratividade de seus atos. Segundo ele:

> Paulo habilmente emprega a linguagem da ética antiga para responder às objeções em [1Coríntios] 6:12-14. Filósofos e oradores regularmente empregavam critérios como "lícito" e "lucrativo" para decisões éticas. (...) Independentemente de alguns coríntios terem realmente usado essas expressões (cf. 1:12; 7:1), os pensamentos que elas incorporam representavam as melhores (potenciais?) objeções dos coríntios.[7]

---

[4] WITTGENSTEIN, Ludwig. *Cultura e valor*. Trad. de Jorge Mendes. Lisboa: Edições 70, 2019. p. 156.

[5] *Gore* é um subgênero do terror que foca na destruição física do corpo e enfatiza dor, sofrimento e visual explícito de mutilação.

[6] THISELTON, Anthony C. *New International Greek Testament Commentary*: The First Epistle to the Corinthians. Grand Rapids: Eerdmans, 2013. p. 458.

[7] KEENER, *New Cambridge Bible Commentary*, p. 57.

Embora Paulo não tenha mencionado especificamente nada relacionado à cultura pop, seu ensinamento nos desafia a avaliar se o conteúdo que consumimos é edificante, se está alinhado com os princípios bíblicos e se contribui para nosso crescimento espiritual. Assim como os alimentos oferecidos a ídolos poderiam desencadear problemas de consciência e prejudicar a comunhão da igreja, o entretenimento audiovisual também pode conter elementos contrários aos princípios bíblicos e que afetam negativamente nossa fé e nosso relacionamento com Deus.

É importante considerar o impacto que filmes, jogos, músicas, livros e séries causam em nossos valores, perspectivas e comportamentos. Seu consumo pode influenciar nosso modo de pensar, nossas atitudes e até mesmo afetar nossa espiritualidade. A escolha de quais produtos da cultura pop consumir deve ser orientada por uma análise honesta acerca de nossa maturidade. Embora a liberdade cristã nos permita desfrutar uma ampla gama de obras de arte, a conveniência entra em jogo ao considerarmos os efeitos que elas potencialmente exercem sobre nós e sobre nossa comunidade de fé. Durante todo o tempo, é necessário exercer a prudência e a constante autoanálise.

Não existe, porém, um tipo de óculos que meça se nosso nível espiritual está "acima de 8.000". Os mecanismos empregados para avaliar se há um grau adequado de sensatez envolvem a consciência espiritual, a capacidade de aplicar princípios éticos e morais a situações diversas e a busca por uma conexão mais profunda com Deus.

É essencial reconhecer que a abordagem de idade e maturidade espiritual na escolha de conteúdo não é uma fórmula fixa ou uma lista de restrições. Há um equilíbrio entre a proteção de valores e crenças pessoais, por um lado, e a abertura ao aprendizado e ao crescimento, por outro. A escolha de conteúdo não é apenas uma questão pessoal; ela também envolve influências externas, como a comunidade de fé e os valores éticos e morais compartilhados. Nesse sentido, é valioso buscar a orientação de familiares, líderes espirituais, mentores e pessoas de confiança na própria comunidade para tomar decisões.

ALGUMAS QUESTÕES HONESTAS

Em última análise, essa consideração é um convite para uma reflexão pessoal mais profunda. É um lembrete de que somos responsáveis por nosso próprio crescimento espiritual e que a seleção consciente de conteúdo pode ser uma ferramenta significativa nesse processo. A busca por equilíbrio entre a proteção de nossa integridade e a abertura ao crescimento nos permite aproveitar os benefícios educacionais, inspiradores e transformadores que determinadas obras podem oferecer.

QUANDO AS COISAS SÃO "DO MUNDO"

Quem é de igreja evangélica certamente já ouviu a expressão "tal coisa é do mundo". Tudo o que não for produzido com objetivo evangelístico, ou de louvor a Deus, é considerado "do mundo" ou "secular", principalmente músicas, filmes e livros. As canções do hinário são "de Deus"; as de Tom Jobim, "do mundo". Essa visão se baseia na ideia de que determinados textos bíblicos exortam os cristãos: "Não se amoldem ao padrão deste mundo" (Romanos 12:2).

Essa abordagem gera dois problemas. Um deles é teológico; o outro, social. O problema teológico está relacionado à interpretação do texto de Romanos. A visão de que tudo o que não é explicitamente evangelístico ou de louvor a Deus é do mundo ou secular — portanto, ruim e evitável — pode conduzir ao legalismo, em que alguns aspectos da vida cotidiana são desprovidos de valor espiritual. Essa perspectiva pode levar os cristãos a se afastarem do mundo, em vez de serem luz e sal nele, como Jesus nos instruiu a ser (Mateus 5:13-16). William Campbell, professor de Estudos Bíblicos, comenta o texto de Romanos 12 da seguinte forma:

> Embora Paulo não seja contra a cultura, também não está simplesmente seguindo uma seleção das práticas culturais em geral, negociada de algum modo para fazer a distinção em relação à sociedade como um todo. Em vez disso, vemos Paulo dando continuidade ao padrão judaico de "jogar e não jogar o jogo" da cultura majoritária. Tal jogo não era medido por uma

lista de continuidades e descontinuidades entre o judaísmo e o movimento cristão, mas, sim, como algo distintivo no *ethos* criado e cuidadosamente sustentado por Paulo e seus companheiros, algo que promovia um modo de vida alternativo centrado no evento de Cristo e nas numerosas células amplamente distribuídas de seus seguidores.[8]

Em Romanos, Paulo aborda a questão da identidade dos seguidores de Cristo, ressaltando que eles não devem moldar-se ao padrão do mundo, mas, sim, evitar o amor pelo mundo e por suas práticas pecaminosas. Entretanto, o apóstolo não incentiva o completo isolamento da cultura e da sociedade. Pelo contrário, ele apresenta uma abordagem de envolvimento na cultura majoritária. Charles Cranfield, teólogo britânico, também contribui para o debate, comentando o texto de Romanos 12:2:

> Os cristãos ainda vivem nesta era. No entanto, se compreendem o que Deus fez por eles em Cristo, sabem que pertencem, em virtude da misericordiosa decisão de Deus, à sua nova ordem e, portanto, não podem contentar-se em ser continuamente moldados do zero pelo padrão desta era que está passando. (...) Na situação em que o evangelho o coloca, o cristão pode e deve, pela capacitação do Espírito Santo, resistir às pressões de conformidade com esta era.[9]

Ao mencionar que os cristãos não devem amoldar-se ao padrão do mundo, Romanos 12:2 incentiva uma postura crítica em relação às práticas e aos valores predominantes da sociedade. Isso, contudo, não significa que devamos ser alienados da cultura ou viver em total isolamento, mas, sim, que precisamos de resiliência moral, ou seja, devemos ser capazes de discernir as influências prejudiciais que possam afetar a fé que nos foi confiada e resistir a elas.

---

[8] CAMPBELL, William S. *Romans: A Social Identity Commentary.* T&T Clark Social Identity Commentaries on the New Testament. Londres: Bloomsbury, 2023. p. 334.
[9] CRANFIELD, C. E. B. *A Critical and Exegetical Commentary on the Epistle to the Romans.* Edimburgo: T&T Clark, 1979. p. 608.

ALGUMAS QUESTÕES HONESTAS

Gênesis enfatiza que Deus considerou boa sua criação. No ápice do relato da criação, após a criação da humanidade, ele declara que tudo era "muito bom". Na perspectiva de alguns cristãos, após a Queda, o mundo e a ordem criada já não eram tão bons quanto antes. Para eles, o mundo estaria contaminado pelo pecado, e até mesmo a matéria inanimada teria sido afetada por forças malignas. Como resultado, o ato de desfrutar a vida e os dons diários de Deus é potencialmente suspeito e perigoso, por causa da suposta associação da vida com a carnalidade. Mas a graça de Deus, que faz nascer o sol sobre maus e bons e faz cair chuva sobre justos e injustos (cf. Mateus 5:45), ainda atua na criação caída, até mesmo nas diversas expressões culturais. Jerram Barrs, fundador do Instituto Francis A. Schaeffer, escreve a esse respeito em seu livro *Echoes of Eden* [Ecos do Éden]:

> A própria Escritura insiste não apenas em que o deleite na criação e o gozo dos dons de Deus são certos e bons, mas também que o ascetismo — a alegação de que ter prazer em nossa vida de criatura é, de alguma forma, não espiritual ou mesmo pecaminoso — é um ensinamento herético. Se heresia parece ser uma acusação excessiva, considere as palavras apaixonadas de Paulo em 1Timóteo 4:1-5, um exemplo bíblico de denúncia ao ensino de que é ímpio desfrutar os dons da vida.[10]

O problema surge quando essa abordagem rotula, de forma indiscriminada, obras culturais como "do mundo" ou "seculares", de modo que é possível perder a oportunidade de dialogar com a cultura para o bem maior da sociedade. Assim, em vez de rejeitar automaticamente tudo que é considerado secular, somos encorajados a buscar pontos de contato e meios de promover a verdade e a beleza no meio cultural.

A interação com a cultura pode tornar-se uma oportunidade para a missão, a compreensão e a transformação cristãs, em vez de ser vista como uma ameaça à fé. Afinal, o próprio Jesus afirmou

---

[10] BARRS, Jerram. *Echoes of Eden*: Reflections on Christianity, Literature, and the Arts. Wheaton: Crossway, 2013. Edição digital.

ONDE ESTÁ DEUS NA CULTURA POP?

que seus discípulos são enviados ao mundo, mas não devem ser "do mundo", no sentido de adotar seus valores corrompidos. Devem, antes, ser agentes de mudança e esperança para um mundo que precisa do amor e da graça de Deus. A oração do Mestre foi muito clara: "Não rogo que os tires do mundo, mas que os protejas do Maligno" (João 17:15).

A separação entre sagrado e profano é descrita pelo romeno Mircea Eliade, cientista das religiões. Segundo ele, as hierofanias[11] demarcam o sagrado. Ele elabora essas diferenças da seguinte maneira:

> Para o homem religioso, o espaço não é homogêneo: o espaço apresenta roturas, quebras; há porções de espaço qualitativamente diferentes das outras. "Não te aproximes daqui, disse o Senhor a Moisés; tira as sandálias de teus pés, porque o lugar onde te encontras é uma terra santa" (Êxodo 3:5). (...) Há, portanto, um espaço sagrado e, por consequência, "forte", significativo, e há outros espaços não sagrados. (...) Em contrapartida, para a experiência profana, o espaço é homogêneo e neutro: nenhuma rotura diferencia qualitativamente as diversas partes de sua massa.[12]

Essa dicotomia, porém, é superada na obra de Cristo. Jesus é o mediador entre o sagrado e o profano, entre Deus e a humanidade. Ele é a encarnação da dualidade das naturezas divina e humana. A encarnação de Jesus Cristo é um evento singular que transcende a divisão entre as categorias, o que tornou possível a reconciliação entre Deus e a humanidade, e abriu caminho para uma experiência cultural integrada.

Enquanto estivermos presos a rótulos como "cultura cristã", "arte sacra", "música gospel" etc., nunca alcançaremos a plenitude da experiência da fé e da expressão humana. O apóstolo Paulo escreveu: "Como alguém que está no Senhor Jesus, tenho plena

---

[11] Para Eliade, hierofanias são manifestações do sagrado no meio físico.
[12] ELIADE, Mircea. *O sagrado e o profano*: a essência das religiões. Trad. de Rogério Fernandes. São Paulo: Martins Fontes, 2001. p. 17-8.

convicção de que nenhum alimento é por si mesmo impuro, a não ser para quem assim o considere; para ele é impuro" (Romanos 14:14). Nossa abordagem à cultura, à arte e à música deve ser enriquecida pela busca da vontade de Deus, pela transformação de nossa mente e pela reflexão dos princípios divinos em todas as expressões da vida humana.

Enquanto estivermos presos a rótulos como "cultura cristã", "arte sacra", "música gospel" etc., nunca alcançaremos a plenitude da experiência da fé e da expressão humana.

QUANDO SE APRENDE COM O NÃO CRISTÃO

Não estamos aqui apenas para transformar a cultura. Sim, devemos ser sal da terra e luz do mundo, ser uma candeia no alto do monte e iluminar quem estiver ao nosso redor, mas também há espaço para aprender com o próximo, ainda que ele não professe a mesma fé. Se houver boa vontade, obras de arte, filmes, séries e livros, ainda que não sejam feitos por cristãos, podem ensinar lições valiosíssimas e corroborar com o ensino das Escrituras.

Existem temas universais e questões profundas da condição humana que podem comunicar-se de maneira distinta a cada um de nós. A história em quadrinhos *Maus*, de Art Spiegelman, por exemplo, retrata o Holocausto, representando os judeus como ratos e os nazistas como gatos. Encontramos um relato de sofrimento, resiliência e sobrevivência, e a natureza do mal nos convida a aprender sobre empatia, compaixão e valor da justiça. O filme *Amor além da vida* (Vincent Ward, 1998), protagonizado por Robin Williams, aborda o tema do amor incondicional. Embora a representação de vida após a morte seja completamente diferente da cosmovisão cristã, o filme desperta reflexões sobre o significado do amor, a importância de sacrifícios e a força da união mesmo nas circunstâncias mais difíceis. O filme *Um lugar silencioso* (2018), dirigido

ONDE ESTÁ DEUS NA CULTURA POP?

e protagonizado por John Krasinski, é uma história de terror alienígena em que uma família tenta sobreviver em meio a criaturas mortais que caçam pelo som. Não há elementos religiosos no filme, mas os temas abordados são muito caros para nós, que professamos fé em Jesus. Amor sacrificial, apreço pela família, companheirismo e a importância da comunicação são ótimos pontos de reflexão levantados nesse longa-metragem.

A série de mangás e de animação japonesa *Naruto*, do mangaká[13] Masashi Kishimoto, fala sobre amizade, superação, redenção e busca por propósito de vida. Naruto é uma série focada em exaltar o trabalho duro, o esforço, a dedicação, o lema de nunca abandonar os amigos e a importância de cumprir suas promessas. Somos inspirados, ao longo das páginas do mangá e dos episódios do *anime*, a persistir em nossos objetivos e cultivar a confiança e a fidelidade em nossas relações. Naruto se situa em um contexto mais conectado ao budismo, porém esses ensinamentos ressoam princípios importantes também encontrados na fé cristã.

Em 2003, a banda norte-americana Black Eyed Peas lançou o hit "Where is the Love?". A canção questiona "Onde está o amor?" em meio a um mundo tão conturbado e repleto de preconceitos e dores. O refrão da música clama pela ajuda de Deus e pede uma resposta do alto que seja capaz de nos guiar. "Where is the Love?" nos desafia a refletir sobre nosso papel no mundo e como podemos agir com amor, solidariedade e compaixão.

Perceba que cada uma dessas obras não foi criada com o objetivo primário (talvez nem mesmo secundário) de louvar ao Senhor, nem de expressar uma mensagem explicitamente cristã. Ainda assim, a graça divina pode ser encontrada em todas as formas de expressão humana. Mesmo em obras não religiosas, podemos encontrar verdades e lições que ressoam princípios do reino de Deus. Essas obras nos instigam a responder suas provocações da maneira que Jesus nos ensinou. Como seguidores de Cristo, somos chamados

---

[13] Mangaká (漫画家) é como o roteirista/desenhista de histórias em quadrinhos japonesas é conhecido.

ALGUMAS QUESTÕES HONESTAS

a discernir a verdade e a bondade em todas as coisas e a buscar conhecimento e sabedoria em todas as áreas da vida, honrando a diversidade e a beleza da criação de Deus.

E QUANTO À APARÊNCIA DO MAL?

Como é possível haver cristãos lendo livros, assistindo a filmes e jogando jogos de um bruxo que conjura feitiços? Não deveríamos fugir da aparência do mal (1Tessalonicenses 5:22)? A realidade é que obras como a série *Harry Potter* dividem opiniões entre os cristãos quanto ao seu conteúdo. Certa vez, uma jovem veio se aconselhar comigo, pois estava triste após seu pai obrigá-la a se desfazer de sua coleção do bruxo de Hogwarts, pois "Deus abomina a feitiçaria" (eu me pergunto se *Dom Casmurro* também foi excluído, pois adultério é tão pecado quanto). Para alguns, trata-se de uma obra de ficção e fantasia, que não se confunde com a realidade de sua fé. Esses apreciam a história como uma narrativa de aventura e superação, sem atribuir valor espiritual ou oculto à magia mencionada na ficção. Para outros, porém, a magia da série é algo que a Bíblia condena, especialmente quando associada a práticas ocultas e espirituais. Eles temem que a exposição a esses elementos afete negativamente sua fé e seus valores.

A proibição bíblica da feitiçaria

A Bíblia é clara ao afirmar que a feitiçaria é abominável aos olhos de Deus. Trata-se de uma prática que desafia a soberania e a autoridade de Deus, buscando fontes alternativas de conhecimento e poder. Além disso, constitui uma fonte de engano e corrupção espiritual, pois expõe as pessoas à influência de forças malignas que se opõem à vontade e ao propósito de Deus. Em diversas partes da Bíblia, existem textos que atestam contra o uso de feitiços, como, por exemplo, a lista de classes de pecadores que ficam de fora do reino de Deus (Apocalipse 22:15), a proibição estrita da consulta a médiuns (Levítico 19:31) e a declaração de que o Senhor abomina feitiçaria e tudo a ela relacionado (Deuteronômio 18:9-13). Além disso, há os casos em que Deus se insurgiu contra a feitiçaria na prática, como, por exemplo, quando Moisés e Arão se mostraram superiores aos recursos dos magos de Faraó (Êxodo 7:8-13), quando Elias humilhou os 450 feiticeiros de Baal (1Reis 18:20-40) ou quando o apóstolo Paulo exorcizou o espírito de adivinhação de uma mulher (Atos 16:16-18). Lloyd Richard Bailey, pastor metodista e professor de Antigo Testamento, comenta sobre a proibição da mediunidade:

> É importante lembrar que a simples menção a uma arte "oculta" na Bíblia (ou de alguém que afirma ter habilidades "paranormais") não serve para sancioná-la ou verificar sua validade. Nos últimos séculos, essas pessoas foram chamadas de médiuns (com uma volumosa literatura exaltando seus poderes) e atualmente são conhecidas como "canalizadores" (alguns deles, inclusive, cobrando altos preços por seus serviços questionáveis).[14]

Não há dúvida alguma quanto ao assunto. A feitiçaria e todos os seus correlatos (mediunidade, magia, adivinhação, ocultismo etc.) são proibidos e abominados ao longo das páginas das Escrituras. Será, então, que isso significa que os cristãos devem evitar toda e qualquer obra de ficção que contenha elementos de feitiçaria ou ocultismo? Será que os cristãos não podem aproveitar a imaginação e a criatividade que a ficção oferece? Não necessariamente. Para entender melhor essa questão, temos de compreender o que é a ficção e qual o seu papel na cultura e na sociedade.

Os limites entre a ficção e a realidade

Repetindo, a Bíblia condena o envolvimento com ocultismo, bruxaria e práticas espirituais espúrias. O cerne da questão é evitar a participação em atividades que envolvam a invocação de poderes sobrenaturais fora do contexto que Deus estabeleceu

---

[14] BAILEY, Lloyd R. *Smyth & Helwys Bible Commentary*: Leviticus-Numbers. Macon: Smyth & Helwys, 2005. p. 237.

ALGUMAS QUESTÕES HONESTAS

como adequados. A ficção, por si só, não é problemática, ainda que utilize elementos que contradizem a fé cristã para construir sua narrativa. Isso porque a ficção permite aos artistas explorar uma ampla variedade de temas e conceitos, inclusive aqueles que podem desafiar ou contradizer crenças religiosas específicas.

A ficção permite aos artistas explorar uma ampla variedade de temas e conceitos, inclusive aqueles que podem desafiar ou contradizer crenças religiosas específicas.

Jesus faz uso de personagens com falhas de caráter em suas parábolas, como no caso do administrador astuto, encontrado em Lucas 16:1-13. Nessa parábola, Jesus conta a história de um administrador que estava prestes a ser demitido por má administração dos bens de seu patrão. Diante da perspectiva de perder seu emprego e não ter outra fonte de sustento, o administrador decide agir de forma astuta. Ele chama os devedores de seu patrão e reduz as dívidas que eles têm. Assim, ao lhes fazer esse favor, ele espera que, após ser demitido, esses devedores o recebam em suas casas. A princípio, essa atitude do administrador parece questionável, pois ele está agindo de forma desonesta e manipuladora. Mas ele é elogiado por seu ato. Jesus não endossa nem aprova a conduta errada do administrador, mas destaca sua astúcia. O mestre utilizou uma falha de caráter como meio ou um recurso para ilustrar a moral de sua história. É o que se faz com os temas da cultura.

Talvez seja mais sensato perceber a mensagem transmitida, e não apenas julgar o meio pelo qual ela está sendo contada. Connie Neal, em sua obra *O evangelho segundo Harry Potter*, faz a seguinte afirmação:

> Mesmo ao considerar os temas mais amplos de cada história, vejo-os de uma perspectiva judaico-cristã. Talvez para a grande surpresa de muitos que ouviram apenas coisas negativas contra Harry Potter, acredito que os temas gerais de cada livro

defendem e promovem crenças fundamentais e valores judaico-cristãos enfatizados em toda a Bíblia.[15]

A ficção como arte

A ficção não apenas representa a realidade, mas também cria universos. Utilizando a linguagem como matéria-prima, constrói narrativas envolventes com personagens, cenários e conflitos. Além disso, a ficção reflete a visão de mundo e as emoções dos autores. É uma forma de arte que transcende e conecta, tornando-se parte da experiência humana.

Nossa imaginação permite, na fantasia, que os recursos do mundo real sejam explorados de forma diferente. O Superman é um alienígena que voa, dispara raios pelos olhos, congela o ar com seu sopro e consegue se disfarçar colocando óculos. Nada disso é plausível na realidade. O Doutor viaja no tempo utilizando a Tardis, por fora, uma cabine de polícia dos anos 1960, mas, por dentro, incrivelmente espaçosa. Peter Parker precisa pagar seu aluguel tirando fotos de si mesmo enquanto faz acrobacias nos arranha-céus de Manhattan, e os amigos Rachel, Ross, Joey, Chandler, Monica e Phoebe encontram-se diariamente no Central Perk. Novamente, nada disso é real. Pessoas não viajam no tempo, não sobem em paredes, nem soltam teias pelo braço. (Convenhamos que também é quase impossível seis amigos se encontrarem com tanta frequência!) Apesar do voo do Superman na ficção, a lei da gravidade continua existindo para todos nós no mundo real.

O mesmo ocorre em relação às leis de Deus. Não é porque um cristão leu *Ali Babá e os quarenta ladrões* que passará a tolerar o furto no mundo real. Assistir à comédia *O mentiroso* (Tom Shadyac, 1997), estrelada por Jim Carrey, não torna o espectador alguém conivente com a mentira. Torcer para o Thor vencer Thanos no filme *Vingadores: Ultimato* (Anthony Russo, Joe Russo, 2019) não nos torna pagãos adoradores da religião nórdica.

---

[15] NEAL, C. W. *The Gospel According to Harry Potter*: Spirituality in the Stories of the World's Most Famous Seeker. Louisville: Westminster John Knox, 2002. p. 5.

ALGUMAS QUESTÕES HONESTAS

A ficção é uma criação que existe apenas no mundo da imaginação do autor. As discussões relevantes sobre ficção dizem muito mais respeito àquilo que é feito com o material consumido e à mensagem que está sendo transmitida por meio dessas narrativas. Jerram Barrs lista uma série de chamados divinos para nós. Segundo ele:

1. Nós devemos glorificar a Deus em tudo o que fazemos.
2. Somos criados para encontrar realização ao usar, desenvolver e expressar os dons que Deus tão generosamente nos concedeu.
3. Devemos beneficiar os outros, para que olhem para o que criamos e digam: "É bom". O artista cristão sempre vive em comunidade e é chamado a servir aos outros no desenvolvimento e na expressão dos dons que Deus deu a cada um, para a bênção de todos.
4. Ao sermos criativos, cumprimos nosso projeto humano, exercendo domínio sobre a terra.
5. Somos chamados, em tudo o que fazemos, inclusive em nosso trabalho criativo, a retroceder os limites da Queda e a conter a anormalidade de nossa vida humana, presente em sua quebra e tristeza, e do nosso mundo atual, que está sob maldição e, portanto, resiste ao nosso domínio.[16]

Isso não quer dizer que defendemos o consumo indiscriminado. Tudo — absolutamente tudo — presente na cultura deve ser julgado, avaliado e categorizado como adequado ou inadequado para usufruto, incluindo os chamados produtos "gospel". Cada letra de música deve ser avaliada, quer oriunda de um compositor cristão, quer não. Cada livro, cada filme, cada jogo, enfim, tudo na cultura deve ser avaliado conforme o conteúdo de sua mensagem, seguindo a orientação bíblica de pôr à prova todas as coisas e reter aquilo que for bom (1Tessalonicenses 5:21).

---

[16] BARRS. *Echoes of Eden.*

● CAPÍTULO 7

E quanto a Jesus?

Em 1951, o teólogo norte-americano Helmut Richard Niebuhr escreveu uma das obras mais influentes na esfera relacional entre o cristianismo e as civilizações: *Cristo e cultura*. Seu livro está dividido de acordo com as propostas que o autor entende possíveis entre Jesus e a cultura vigente entre os povos. Trata-se de uma obra digna de nota, que não pode ficar de fora de um livro sobre interações com a cultura. Niebuhr estrutura seus capítulos da seguinte forma:

Perspectiva	Descrição
Cristo contra a cultura	Essa perspectiva defende que a cultura é inimiga de Jesus e, portanto, ele estaria em oposição a ela. Todas as expressões culturais fora da igreja são vistas com alto grau de suspeita, e consideradas irreparavelmente corrompidas pelo pecado. Elas devem ser evitadas e afastadas tanto quanto possível.
Cristo da cultura	Aqui, todas as manifestações culturais são aceitas de forma inquestionável e celebradas como positivas. Em tese, há pouca ou nenhuma tensão entre cultura e verdade cristã. No entanto, na prática, o cristianismo é muitas vezes sacrificado para se adequar à cultura.
Cristo acima da cultura	As expressões culturais, em essência, são vistas como boas; no entanto, elas precisam ser aprimoradas e aperfeiçoadas pela revelação cristã e pelo trabalho da igreja, com Cristo exercendo supremacia sobre ambos.

E QUANTO A JESUS?

Perspectiva	Descrição
Cristo e a cultura em paradoxo	A cultura humana é vista como uma criação boa que foi corrompida pelo pecado. Isso resulta em uma tensão na relação do cristão com a cultura, levando-o a abraçar e rejeitar simultaneamente determinados aspectos que ela apresenta.
Cristo, o transformador da cultura	Nessa perspectiva, reconhece-se a cultura humana como inicialmente boa, mas corrompida após a Queda. A crença na redenção de toda a criação por meio de Cristo encoraja os cristãos a se empenharem na transformação da cultura para a glória de Deus.

O pecado do ser humano se manifesta individualmente em níveis diferentes, mas está presente em cada um de nós, a ponto de, se quisermos enxergar alguém mau, basta olharmos nossa própria imagem no espelho. A maldade se reflete na cultura de uma sociedade e é visível tanto em práticas nocivas, como, por exemplo, preconceito, racismo, xenofobia, misoginia e outros tipos de discriminação, como em ideias distorcidas que desprezam o valor humano, oriundo da criação divina. Todos esses elementos, de alguma forma, alcançam a estética e a mensagem presentes em obras da cultura pop. O teólogo D. A. Carson complementa as palavras de Niebuhr ao revisitar essa obra. Em seu livro *Cristo e cultura: uma releitura*, Carson afirma:

> Os cristãos não podem ficar muito tempo pensando sobre Cristo e cultura sem refletir sobre o fato de que este é o mundo de Deus, mas que, deste lado da Queda, este mundo, ao mesmo tempo, resplandece em glória e está tomado de vergonha, e que cada expressão da cultura humana, ao mesmo tempo, revela que fomos feitos à imagem de Deus e se mostra deformada e corroída pela rebelião humana contra Deus.[1]

---

[1] CARSON, D. A. *Cristo e cultura: uma releitura*. Trad. de Márcio Loureiro. São Paulo: Vida Nova, 2012. p. 52.

Existem aberrações na manifestação cultural. Como seria possível dizer que Jesus deseja redimir a pornografia ou os ritos de sacrifício humano, por exemplo? Sem nenhum receio, afirmo que ele deseja que essas formas de expressão cessem. Jesus não é antropólogo; ele é Senhor. A Bíblia nos ensina que, um dia, ele retornará, e seu reino será estabelecido plenamente no mundo. Essa promessa de um novo céu e de uma nova terra está presente nas Escrituras e, nesse contexto, podemos entender que, de alguma forma, haverá cultura nessa realidade futura.

Essa promessa de um novo céu e de uma nova terra está presente nas Escrituras e, nesse contexto, podemos entender que, de alguma forma, haverá cultura nessa realidade futura.

A cultura é inerente ao ser humano. O fato de crermos que nós, humanos, seremos ressurretos e glorificados pressupõe que também cremos em uma cultura glorificada. Essa conexão intrínseca entre a natureza humana e a cultura nos leva a considerar a visão do reino vindouro como uma realidade em que a cultura será aperfeiçoada e elevada à sua expressão mais gloriosa. No entanto, esse dia ainda não chegou. Vivemos em um mundo marcado pela presença do pecado e das limitações humanas, o que resulta em uma cultura que, muitas vezes, está longe de refletir a perfeição e a glória que almejamos.

Por outro lado, também não parece certo estigmatizar a cultura como um repositório de perversidades. Fugir da cultura é fugir de si mesmo e, de certa forma, do próprio Deus. Isso significaria negar uma parte significativa de quem somos e de nossa história. O filósofo austríaco Ludwig Wittgenstein é autor da famosa frase: "Os limites da linguagem (...) significam os limites de meu mundo".[2]

---

[2] WITTGENSTEIN, Ludwig. *Tractatus Logico-Philosophicus*. Tradução de Luiz Henrique Lopes dos Santos. São Paulo: Edusp, 1993. p. 229.

E QUANTO A JESUS?

Talvez seja possível parafraseá-la: "Os limites da cultura refletem os limites de minha percepção do mundo". Simultaneamente, a cultura molda e é moldada por nossa cosmovisão. Ela afeta e é afetada por nossa capacidade de compreender e apreciar a diversidade da experiência humana. Não é porque rosas têm espinhos que devem ser jogadas fora, assim como sua beleza não pressupõe que devemos tocá-las de forma imprudente.

Tudo é lícito, mas nem tudo convém. Isso é verdade. Mas também é verdade que, desde o pecado original, há muita ilicitude e inconveniência enchendo nossos corações de alegria.

Sempre ouvi as mesmas questões referentes a esse tema: "O cristão pode assistir a filmes, séries, *animes*, ouvir músicas, ler livros, HQs, consumir o que existe no universo pop?". Em vez de seguir pelo caminho do "pode" ou "não pode", proponho outras questões mais interessantes. Como os cristãos podem envolver-se com a cultura pop sem comprometer suas crenças? Quais são os possíveis perigos de consumir cultura pop e como evitá-los? De que maneira os cristãos podem usar o entretenimento como forma de compartilhar sua fé e promover conversas significativas sobre assuntos espirituais? Qual é a mensagem transmitida pela cultura pop em relação ao cristianismo? Quais desafios as obras audiovisuais têm apresentado à fé cristã e como os cristãos podem responder a esses desafios? Como podemos cultivar uma apreciação pelo que é bom, justo e digno de elogio? De que forma os cristãos podem usar sua criatividade para produzir obras de arte e mídia que reflitam sua fé e se conectem com a cultura em geral? O que fazer com todo o material já consumido? Essas questões ajudam a compreender a relação entre cultura pop e fé cristã, além de avaliar tanto as implicações positivas como as negativas dessa interação. Quem nos ajuda nessa jornada interessante é o próprio Cristo.

A REDENÇÃO DA VISÃO

Jesus tem uma relação curiosa com a visão humana. Ele curou cegos de diversas formas. Bartimeu foi curado apenas com a palavra de Cristo (Marcos 10); o cego de nascença recebeu lama salivada em seus olhos e voltou a enxergar (João 9); o cego de Betsaida também recebeu saliva nos olhos e, após Jesus lhe impor as mãos duas vezes, passou a enxergar cada vez mais, até sua cura completa (Marcos 8); na Galileia, dois cegos foram curados ao receberem nos olhos o toque das mãos do Cristo e responderem positivamente à pergunta do Senhor: "Vocês creem que eu sou capaz de fazer isso?" (Mateus 9:28).

Além de curar cegos, Jesus também proclamou discursos envolvendo a visão. O interesse particular de Cristo nos olhos é notado em seus sermões. Quando falou sobre adultério no Sermão do Monte, ele deu uma ênfase singular ao olhar do indivíduo:

> Vocês ouviram o que foi dito: "Não adulterarás". Mas eu lhes digo: Qualquer que olhar para uma mulher para desejá-la já cometeu adultério com ela no seu coração. (Mateus 5:27-28)

Jesus também disse que os olhos são lâmpadas que iluminam nosso corpo. Se forem bons, o corpo terá luz, mas, se forem maus, o corpo estará em grandes trevas (Mateus 6:22-23).

Particularmente, meus olhos são bem ruins. Sou míope e minha córnea é afetada pelo ceratocone. Para mim e para milhões de companheiros reféns de óculos e lentes de contato, é bom saber que Jesus não estava falando de distúrbios da visão ou de problemas refrativos. Sua ênfase repousa naquilo que emana do interior do coração, do íntimo humano, e se manifesta na cobiça dos olhos. Enxergar é algo cotidiano. É uma manifestação de um dos sentidos humanos, portanto é natural que um homem olhe para uma mulher e vice-versa. O que é condenado por Jesus é o olhar lascivo, ou seja, a maneira de ele usar seu globo ocular. O interesse de Jesus não está em "o quê", mas em "como". Olhos, janelas da alma. Não é bíblico, mas é poético, faz sentido e é verdadeiro.

Para nós, cristãos, Jesus está presente em toda a discussão sobre a relação entre cultura e fé cristã. É a partir de suas palavras e dos ensinamentos sobre o reino de Deus que as bases para nossa interação são formadas. Ele nos guia a discernir, engajar e criar

E QUANTO A JESUS?

de maneira que honre a Deus e contribua para a transformação do mundo à nossa volta. É o Cristo quem nos ensina a nos tornarmos verdadeiros discípulos na arte de enxergar além do óbvio para que, finalmente, sejamos capazes de discernir o que é verdadeiro e valioso.

Dito isso, os "o quês" e os "comos" de nossa relação social demandam uma análise mais profunda, extrapolando a convivência com o próximo e investigando o relacionamento do discípulo de Cristo com a cultura. Não é uma questão de colocar Cristo abaixo, acima ou em paradoxo com a cultura, mas, sim, de enxergar essa mesma cultura pelos olhos que foram curados por Jesus.

Neste livro há boa vontade, boa-fé e bons olhos. Boa vontade na leitura intencional dos aspectos culturais. Boa-fé ao se tomar cuidado para não distorcer o sentido original das obras aqui citadas. E bons olhos, por entender que tudo o que o Criador fez era bom, inclusive a criatividade. Também há prudência, pois estou consciente de que a dimensão do pecado alcança potencialmente cada centímetro quadrado da imaginação humana, tornando-a suscetível a desvios da assinatura do Criador.

Os ensinamentos de Jesus nos desafiam a analisar mais profundamente nossa relação com a cultura. São um chamado para examinar não apenas a forma que nos relacionamos com as pessoas ao nosso redor, mas também o modo de nos relacionarmos com a cultura em si. Cristo nos mostrou que ser discípulo não significa isolar-se da cultura, mas, sim, estar no mundo sem ser do mundo. Devemos ter boa vontade na leitura intencional dos aspectos culturais, buscando compreender as mensagens e os valores transmitidos. Ao mesmo tempo, devemos ter boa-fé, cuidando para não distorcer o sentido original das obras, reconhecendo que a criatividade e a expressão artística são dons dados por Deus.

> **Os ensinamentos de Jesus nos desafiam a analisar mais profundamente nossa relação com a cultura.**

ONDE ESTÁ DEUS NA CULTURA POP?

Somos chamados a trazer discernimento e sabedoria para a forma de interagirmos com a cultura. Isso implica avaliar, de forma crítica, as obras que consumimos, discernindo entre aquelas que promovem valores alinhados com os ensinamentos de Jesus e aquelas que podem nos afastar de uma vida centrada em Deus. Ao mesmo tempo, também devemos lembrar que a cultura pode ser um espaço para a manifestação do reino de Deus. Cada um de nós pode usá-la como forma de transmitir esperança, amor e redenção, e de aproveitar a criatividade presente nas expressões culturais para comunicar a mensagem do reino de Deus.

Evangelho e cultura pop são coisas distintas. A cultura muda; o evangelho permanece. A cultura pop arrasta multidões que estão dispostas a consumi-la. O evangelho acolhe aquele que estiver disposto a segui-lo. Ela entretém; ele instrui. Ela é vendida para quem pagar mais dinheiro; ele é gratuito e nos mostra que alguém nos comprou com sangue. Não escrevi este livro para encontrar o evangelho na cultura pop. Eu fui encontrado pelo evangelho e agora consigo olhar a cultura com novos olhos. E você?

Este livro foi impresso pela Gráfica Terrapack, em 2024, para a Thomas Nelson Brasil. O papel do miolo é pólen bold 70g/m^2, e o da capa é cartão 250g/m^2.